Bernd Harder

2012 oder wie ich lernte, den Weltuntergang zu lieben

BERND HARDER

2012

oder wie ich lernte, den **Weltuntergang** zu lieben

Leitfaden für Endzeit-Liebhaber

HERDER

FREIBURG · BASEL · WIEN

www.herder.de

Umschlaggestaltung:
Agentur R·M·E Roland Eschlbeck und Rosemarie Kreuzer
Umschlagmotiv: © Shane O'Brien / Getty Images

Satz: Dtp-Satzservice Peter Huber, Freiburg
Herstellung: fgb · freiburger graphische betriebe
www.fgb.de

Gedruckt auf umweltfreundlichem, chlorfrei gebleichtem Papier
Printed in Germany

ISBN 978-3-451-30418-7

Inhalt

Vorwort 7

Nostradamus:
Okkulter Lotse durch die Desaster-Jahre 11

Die Volksseher:
„Der Mühlhiasl hat's scho g'sagt." 50

Die Bibeldeuter:
Apokalyptische Dramen 70

Nibiru:
Der Weltenzerstörer 104

Der Maya-Kalender:
Countdown läuft 131

Die Kraft der zwei Sonnen:
Erleuchtung garantiert 168

Nachwort 196

Vorwort

Ich verrate Ihnen was: Ich trage mich mit dem Gedanken, Jugger zu spielen.

Muss mich endlich mal wieder mehr bewegen. Und so eine kettenschwingende Keilerei um einen Hundeschädel wäre vielleicht genau das Richtige.

Jugger? Ketten? Hundeschädel?

Genau, das lässt zugleich eine gewisse Vorliebe meinerseits für knallige Endzeit-Szenarien erahnen. Denn die Entstehungsgeschichte der neuen Trendsportart Jugger ist recht „abenteuerlich“, schrieb letzten Sommer *Der Spiegel*[1]: „Vorbild ist ein australischer Endzeitfilm aus den späten achtziger Jahren mit dem Titel *‚Die Jugger – Kampf der Besten‘*. Der Inhalt ist schnell erzählt: Nach einem atomaren Inferno gleicht die Erde des 23. Jahrhunderts einer Wüste. In dieser Einöde zieht eine Gruppe von Gladiatoren über die Dörfer und wetteifert in einem brutalen Spiel um Lebensmittel, Alkohol und Sex. Als Ball dient ihnen ein Hundeschädel, anstelle eines Tores gibt es das Mal. Auf diesen Stab muss der Läufer den Tierkopf aufspießen, ohne sich dabei von mit Eisenketten und -stangen bewaffneten Gegnern zur Strecke bringen zu lassen.“

Tatsächlich zählt „The Jugger“ zu meinen Lieblingsstreifen in Sachen Edel-Trash. Somit habe ich schon zu Jugendzeiten gelernt, den Weltuntergang zu lieben. Und warum auch nicht, „schließlich werden blühende Landschaften, übers ganze Gesicht strahlende Menschen und immerwährender Friede auf Erden auf Dauer etwas dröge“, beschwor das Fachblatt *Cinema* (Nr. 2/2010) unlängst in einer feinen Titelstory das Revival des Endzeitfilms.

Stimmt. Das wussten manche sogar schon vor mehr als dreißig Jahren.

1977 brachte Ephraim Kishon sein Buch „Mein Freund Jossele“ heraus. Eine der Satiren darin heißt „Gefährlicher Friede“ und handelt vom Leiden der Hauptfigur Jossele an der global vorherrschenden Atom-Angst: „Wenn man zur verlorenen Generation gehört, gehört man sozusagen einer Weltorganisation an. Früher einmal hat man sich gefragt, wie das alles enden wird. Wir Angehörigen der verlorenen Generation wissen es: mit einem großen Knall und einer pilzförmigen Rauchbombe, wenn die Atombombe fällt.“

„Und wenn sie nicht fällt?“, fragt Kishon daraufhin als Ich-Erzähler.

„Das wäre Pech“, versetzt sein Freund Jossele: „Aber vorerst darf man noch hoffen. Ohne diese Hoffnung wäre das Leben gar nicht mehr lebenswert. Wenn ich erst einmal anfangen muss, mir den Kopf darüber zu zerbrechen, was ich morgen oder gar übermorgen machen soll, oder wenn ich mir vorstellen müsste, als zahnloser Greis mein Ende abzuwarten, dann werde ich verrückt [...]. Mit einem Mal werde ich im praktischen Leben stehen und einen bürgerlichen Beruf ergreifen müssen. Womöglich werde ich Kinder kriegen und einen Bauch [...]. Grauenhaft. Wirklich grauenhaft.“

Ich kann mir nicht helfen, aber womöglich sagt diese kurze Humoreske mehr auch über heutige endzeitbewegte Apokalyptiker aller Couleur aus als die meisten wissenschaftlichen Abhandlungen zum Thema.

Was diesmal anders sein wird, ist die massenhafte Vermarktung. Am 21. Dezember 2012 geht die Welt unter. Dieses End-Datum steht jedenfalls im Maya-Kalender. Und dann wird's ja wohl stimmen. Was da nun kurz vor Weihnachten genau passieren soll, steht noch in den Sternen. Dafür sehen wir an allen Ecken und Enden: Der Weltuntergang ist gewinnfähig geworden, mit der Angst lässt sich Geld machen.

Wie das geht, aus welchen verschachtelten Termini der Kosmologie und Esoterik die Wortgebilde von Katastrophenpredigern zusammengesetzt sind und worin der Unterhaltungswert morbider Untergangsfreude besteht, zeigen wir in den folgenden Kapiteln. Danach sprechen wir uns wieder.

Bernd Harder, im März 2011

Anmerkung

[1] Exotensport Jugger: Keilerei mit Hundeköpfchen, online unter www.spiegel.de/unispiegel/wunderbar/0,1518,632282,00.html

Nostradamus:
Okkulter Lotse durch die Desaster-Jahre

„Und dies geheimnisvolle Buch, von Nostradamus' eigner Hand, ist dir es nicht Geleit genug?"

Doch, gewiss.

Was Geheimrat Goethe im ersten Teil seines „Faust" recht war, soll uns nur billig sein.

Die „Centurien" des Nostradamus.

Hunderte von mysteriösen vier-, mitunter auch sechszeiligen Vers-Päckchen. Eine geheimnisvolle Komposition aus Druckerschwärze und Sternenstaub. Orakuläre Poesie, traumartig verdichtet. Verhängnisse und Schrecken voraussagend, „mit unverständlich gemachten und verworrenen Sätzen", wie ihr Künder selbst freimütig gesteht[1].

Ein Mann von vorgestern beschreibt die Welt von übermorgen.

„Hier ruhen die Gebeine des hochrühmlichen Michel Nostradamus" ist auf der Grabplatte des Sehers in der Kirche Saint-Laurent zu Salon-de-Provence verewigt. „Er allein ward unter allen Sterblichen für wert befunden, unter dem Einfluss der Sterne mit geradezu göttlich inspirierter Feder vom künftigen Geschehen der ganzen Welt zu künden."

Hitlers großer Krieg. Stalin, Napoleon, die Französische Revolution. Die Tschernobyl-Katastrophe, die Mondlandung, die Terroranschläge vom 11. September 2001 – alles niedergelegt in den Schriften des Arztes und Astrologen aus dem 16. Jahrhundert. Verklausuliert zwar, wie ein magisches Esperanto, aber verblüffend und faszinierend.

Zukunft, wie sie vor nahezu einem halben Jahrtausend aus der Feder des Nostradamus floss, klingt zum Beispiel so:

Plusieurs mourront avant que Phoenix meure,
Jusques six cents est sa demeure,
Passé quinze ans, vingt et un, trente-neuf,
Le premier est subject à maladie,
Et le second au fer danger de vie
Au feu à l'eau est subject trente-neuf.

Jean-Charles Pigeard de Gurbert, unter dem Pseudonym Jean-Charles de Fontbrune einer der bedeutenden zeitgenössischen Exegeten des Renaissance-Propheten, souffliert:

„Viele werden sterben, bevor der Phönix stirbt.
Er wird 670 [Monate] auf Erden wohnen,
während die Jahre [19]15, [19]21 und [19]39 vorüberziehen werden.
Im ersten [1915] wird er erkranken
und im zweiten [1921] wird er eine lebensgefährliche Streitmacht haben;
[19]39 wird eine feurige Sintflut ausbrechen."

Seine Erläuterung dazu:

„Hitler lebte 56 Jahre, das sind 670 Monate. Die Jahre 1915, 1921, 1939 sind Eckdaten seines Lebens: *Im ersten wird er erkranken,* damit ist das erste genannte Jahr gemeint, also 1915. *Im zweiten wird er eine lebensgefährliche Streitmacht haben und 39 wird eine feurige Sintflut ausbrechen:* 1939 brach der Zweite Weltkrieg aus. Weil Hitler ihn begann."

Ein Kursbuch für das künftige Weltgeschehen – das ist es, was der Seher von Salon uns mit den „Wahren Centurien und Prophetien des Meisters Michel Nostradamus" hinterlassen hat. Aber wie ist das möglich?

Es ist eine sternenklare Sommernacht im Jahr 1555, als Nostradamus zum Obergeschoss seines Hauses hinaufsteigt, wo sich sein Arbeitskabinett befindet. Gekleidet in einen doppelt mit

Silberfäden verbrämten Umhang, lässt er sich auf einen bronzenen Dreifuß fallen.

„O Geist, zeige mir eine Vision von den Wundern der fernen Zukunft", skandiert Nostradamus, während er mit einem Lorbeer-Stab das Wasser in der Wahrsageschale aus Messing umrührt. Als sich die farblose Flüssigkeit beruhigt, starrt er lange hinein. Seine Hand zittert, als er, ohne den Blick von der spiegelglatten Wasseroberfläche abzuwenden, kurze Sätze mit dem Federkiel auf einen Bogen Papier kratzt ...[2]

So oder so ähnlich könnte es sich wohl zugetragen haben, als Nostradamus in der zweiten Lebenshälfte seine Weissagungen formulierte. „Des Nachts sitze ich über geheimen Studien, ich bin allein und sitze auf ehernem Stuhl. Eine Flamme steigt empor, sie kommt aus der Einsamkeit, sie bringt ans Licht, woran man nicht vergeblich glaubt", beschreibt der Arzt, Prophet und Astronom selbst seine Methode im Vers 1 der I. Centurie. Darin erscheinen seine Prophezeiungen als verrätselte Tagträume und fabulierte Phantasien. Und damit zunächst einmal jener Gegenwart verhaftet, deren Nöte sie zu kompensieren suchten.

Als Michel am 14. Dezember 1503 als Erstgeborener der angesehenen Notarsfamilie Notredame in Saint-Rémy-de-Provence das Licht der Welt erblickt, scheinen die vier Reiter der Apokalypse Aufstellung bezogen zu haben. Das geschlossene christliche Weltbild fällt in Trümmer. Gerade ein Jahrzehnt zuvor hat Christoph Kolumbus Amerika entdeckt. 1491 fertigt Martin Behaim in Nürnberg den ersten Globus. Die kopernikanische Wende von 1543 begründet das heliozentrische Weltbild.

Die Erfindung des Buchdrucks hat das Wissensmonopol der Klöster aufgelöst. Die drei mächtigen Nationalstaaten Spanien, Frankreich und England beherrschen Europa und verzetteln sich in immer neuen Kriegen und undurchschaubaren Zweckbündnissen. Bald wird der Augustinermönch Martin

Luther gegen die Missstände in der römischen Kirche rebellieren und die Reformation lostreten.

Nach dem Willen seiner Eltern soll Michel Arzt werden. Der Legende nach unterrichteten ihn seine beiden Großväter schon früh in Latein, Griechisch, Hebräisch, Mathematik und Himmelskunde. Wahrscheinlich aber übernahm ein Hauslehrer diese Aufgabe. Sicher ist, dass Michels Großvater väterlicherseits ein wohlhabender jüdischer Getreidehändler namens Crescas de Carcassonne war, der um 1460 zum Katholizismus konvertierte. Weil er in der Marienkirche Notre-Dame-la-Principale zu Avignon die Taufe empfing, nannte sich die Familie fortan Nostredame. Diese Schreibweise entspricht dem Provenzalischen. In heutigem Französisch heißt es „Notredame".

Mit 19 Jahren schreibt sich Michel de Notredame an der Universität Montpellier ein und latinisiert seinen Nachnamen zu Nostradamus. 1525 hält der Schwarze Tod Einzug in die Stadt, und Nostradamus unterbricht sein Studium, um sich als Heilgehilfe nützlich zu machen. Das fürchterliche Leiden der Pestkranken, den Zusammenbruch der öffentlichen Ordnung, den Giovanni Boccaccio später in seinem „Decamerone" beschreibt, erlebt Nostradamus hautnah mit.

Hellsichtig weigert sich der junge Medicus, die Kranken zur Ader zu lassen – und rettet damit nicht nur vielen Patienten, sondern vielleicht auch sich selbst das Leben. Denn unwissentlich unterbricht er so die Infektionskette der Pest, die auch durch Tröpfcheninfektion übertragen wird. Als Nostradamus vier Jahre später endlich zum Doktor der Medizin promovieren kann, eilt ihm längst ein Ruf als unerschrockener Pestarzt voraus. Der wissenschaftliche Ritterschlag lässt nicht lange auf sich warten: Der berühmte Universalgelehrte Julius Caesar Scalinger ruft den 31-Jährigen nach Agen. Nostradamus richtet eine lukrative Praxis ein und heiratet ein 14-jähriges Mädchen, das ihn zum Vater eines Sohnes und einer Tochter macht.

Doch dann schlagen die Wogen des Schicksals umso heftiger über dem erfolgreichen Akademiker zusammen. Frau und Kinder sterben an Diphterie. Die Patienten bleiben aus. Mit dem strengen Rationalisten Scalinger überwirft er sich. Vermutlich ging es dabei auch um Nostradamus' übersteigertes Interesse an der Astrologie, die zu jener Zeit von vielen Ärzten auch als Diagnoseinstrument angewandt wird.

1538 verlässt Nostradamus Agen-de-Provence und durchwandert bis 1547 ziellos das Land, in einer Epoche des revolutionären Umbruchs in politischer, sozialer wie religiöser Hinsicht. Auch vor der Inquisition muss er sich in Acht nehmen, wegen seines regen Interesses an den Geheimwissenschaften.

Es waren diese bedrückenden Lebenserfahrungen, die ab 1555 zu den „Wahren Centurien und Prophetien des Meisters Michel Nostradamus" geronnen. Mit Intuition und Grübelei, astronomischem Kalkül und „feuriger Dichtung" holte der Seher von Salon Bilder von zeichenhaftem Charakter vom Himmel. Auch jenen Vierzeiler (Quatrain), der seinen Mythos begründete.

Man schreibt den 1. Juli 1559: Heinrich II., König von Frankreich, richtet am Pariser Hof eine Doppelhochzeit für seine Tochter Elisabeth und seine Schwester Margarethe aus. Zu den Feierlichkeiten gehört auch ein Ritterturnier, bei dem Heinrich die Lanze mit einem Hauptmann seiner Leibgarde kreuzt, dem schottischen Grafen von Montgomery, Gabriel de Lorges.

Unter Hufgedonner preschen die beiden Pferde mit ihren bewaffneten Reitern die Schranken entlang. Die Lanze des Königs verfehlt ihr Ziel, und Montgomerys Lanze trifft im falschen Winkel auf den Schild des Königs. Sie splittert, rutscht nach oben ab und dringt durch Heinrichs Visier. Zehn Tage später stirbt der König an seinen Wunden.

Vier Jahre vor dem tragischen Ereignis hatte Nostradamus im Vers 35 der I. Centurie geschrieben:

Der junge Löwe wird den alten überwinden,
auf kriegerischem Feld im Einzelstreit.
Im goldenen Käfig wird er ihm die Augen spalten, von zwei Flotten setzt sich eine durch,
der Besiegte stirbt einen grausamen Tod.

„Seit dieser prophetischen Glanzleistung war Nostradamus noch zu Lebzeiten der gemachte Hellseher", applaudierte mehr als 400 Jahre später, anno 1981, sogar *Der Spiegel* in einer Titelgeschichte.[3]

Bis zu seinem Tod 1566 übersetzte Nostradamus innere Bilder und den unendlichen Reichtum der Sternenkonstellationen in überfließende Wortkonstellationen. Düsteres Raunen, in sperrigem, mit lateinischen Brocken versetztem Altfranzösisch, „wie aus dem Salzstreuer", urteilen Kritiker.[4] Und zugänglich nur jenen Deutern, die sich mit offenem, wachen Geist und inspirierter Kombinationskunst dem Sinn der Vers-Prophezeiungen nähern.

Nur dann lichtet sich der Nebel aus Fragen und wüsten Spekulationen, welche das geheime Wissen des Nostradamus bis heute umgeben. Nehmen wir als weiteres Beispiel Vers 57 der V. Centurie:

Istra du mont Gaulsier & Aventin,
Qui par le trou advertira l'armee,
Entre deux rocs sera prins le butin,
De SEXT. mansol faillir la renommee

Übersetzt:

Er wird vom Mont Gaulsier und Aventin hervorgehen,
der durch das Loch die Armee benachrichtigt.
Zwischen zwei Felsen wird die Beute ergriffen,
vom SEXT. mansol verblasst der Ruf.

Vage und undurchdringlich scheint zunächst der Sinn – oder gar ganz abwesend, ohne dass er sich erst verflüchtigen muss?[5]

Keineswegs. Der visionäre Gehalt dieses Quatrains ist hieb- und stichfest. Lösen wir die Siegel, erblicken wir dieses Panorama:

Montgaulsier = Montgolfière = Ballon der Brüder Montgolfier.
Aventin = à vent = mit dem Wind.
Le trou = das Loch = die Öffnung unter dem Ballon.
Zwei Felsen = zweimal Petrus (der Fels) = zwei Päpste.
SEXT. = (lat.) sextus = der VI. Papst.
Mansol = man sol(us) = Mann Solus = Priester im Zölibat.

In seinem unverwechselbaren Stil enthüllte Nostradamus einmal mehr herausragende historische Ereignisse:

Einer geht aus mit der Montgolfière und dem Wind,
mit dem (Feuer)loch benachrichtigt er die Armeen.
Zwischen zwei Päpsten wird die Beute ergriffen,
von Papst Pius VI. verblasst der Ruf (des Papsttums).

Im Klartext: 1794 wurde die Montgolfière erstmals zu Beobachtungszwecken gegen Österreich in der Schlacht von Fleurus eingesetzt (Zeile 1 und 2). Zwischen Pius VI. (1775–1799) und Pius VII. (1800–1823) nahm sich Napoleon I. im Frieden von Tolentino als Kriegsbeute einen Teil des Kirchenstaates. Unter Pius VI. sank das Ansehen des Papsttums.[6]

Häufig sind es düstere Bilder, mit denen Nostradamus die Zukunft beschreibt. Etwa die Hinrichtung des englischen Königs Charles I. im Jahr 1649 als Folge einer puritanischen Revolution und den Londoner Brand von 1666.[7] Vers II,51:

Le sang du juste à Londres fera faute,
Bruslez par foudres de vingt trios le six,
La dame antique cherra de olace haute,
De mesme sectes plusieurs serrint occis.

Übersetzt:

Das Blut des Gerechten wird zur Schuld Londons,
verbrannt durch Blitz von zwanzig drei die Sechs,
die alte Dame fällt von ihrem hohen Ort,
von derselben Partei werden mehrere getötet.

Offenkundig sieht Nostradamus die verheerende Feuersbrunst von 1666 (dreimal die Sechs) als Strafe Gottes für den Königsmord durch das aufgewiegelte Volk. Die alte Dame, die dabei den Flammen zum Opfer fiel? Gewiss die ehrwürdige Kathedrale Londons.[8]

Und ganz verblüffend: Woher wusste Nostradamus schon vom Planeten Neptun?

Der achte Planet unseres Sonnensystems wurde 1846 von den Berliner Astronomen Johann Gottfried Galle und Heinrich Louis d'Arrest entdeckt. Wie also kann es sein, dass in den Nostradamus-Centurien aus dem 16. Jahrhundert die Rede von dem Himmelskörper ist?

Im Vers IV, 33 heißt es:

Juppiter joint plus Venus qu'à la Lune.
Apparoissant de plenitude blanche:
Venus cachée soubs la blancheur Neptune,
De Mars frappée par la gravée branche.

Übersetzt:

Jupiter, mehr mit Venus als dem Mond verbunden,
zeigt sich von hellem Glanz.
Venus, hinter dem Schein Neptuns verborgen,
wird vom Mars geprägt, durch die große Verzweigung.

Der Name Neptun, den sich erst 1846 ein Mann für den gerade neu entdeckten Planeten ausdachte, ziert also seit dem Jahr 1555 den Text des 33. Verses in der vierten Centurie. Hier steht für jeden lesbar ein Wort, das in den astrologischen Tabellen aus der Epoche des Sehers noch gar nicht existierte.[9]

Somit dürfte klar sein: Nostradamus – das ist der an Genialität nur mit Einstein vergleichbare Heroe der Propheten.[10] Aus seinem Werk spricht nichts weniger als eine ewige menschliche Sehnsucht: der brennende Wunsch, den Ausgang der Geschichte kennenzulernen, der allgemeinen wie auch der ganz persönlichen.[11]

Und damit sind wir bei 2012.

Holte Nostradamus auch dieses weit entfernte Schicksalsjahr in seine damalige Gegenwart? Die Schwierigkeiten eines solchen vorausschauenden Unterfangens können wir gar nicht groß genug denken. Verstand der Seher überhaupt, was er da sah?

Er lebte „in der realen Umwelt von 1550", ruft uns der Nostradamus-Experte Manfred Dimde ins Bewusstsein. „Hühner gackerten auf der Straße vor seinem Haus. Er benötigte ein Pferd, um halbwegs bequem und schnell zu reisen. Es stank an allen Ecken und Enden, weil der Unrat und die Abwässer nicht entsorgt wurden. Auf den Straßen waren mehr Kranke als Gesunde unterwegs, durchgehende Pferde auf den holprigen Straßen und so weiter."[12]

Mit seiner Fähigkeit zur prospektiven Zeitreise bewegte Nostradamus sich nun ins 21. Jahrhundert.

„Die Hühner auf der Straße: verschwunden. Die Straße ist glatt, weil asphaltiert. Die Pferde sind verschwunden. Eiserne Käfige bewegen sich wie von Geisterhand auf den Wegen. Keine Kerzen geben Licht in den Häusern, stattdessen leuchtende Steine, die man nicht auspusten kann", versetzt Dimde sich in die Lage des provençalischen Propheten.

Und gibt daher zu bedenken: „Wir müssen erkennen, dass

uns der Visionär aus Salon in seinen Vorhersagen keine Situation ausführlich bis ins letzte Detail schildert, sondern die jeweilige Lage schlaglichtartig beleuchtet."[13]

Das mag auch der Grund sein, warum sich in den „Centurien" das Jahr 2012 zunächst einmal nicht ausdrücklich findet. Das soll uns indes keinesfalls an Nostradamus irrewerden lassen. In den insgesamt 942 Quatrains seines Hauptwerks stoßen wir lediglich auf acht konkrete Jahreszahlen. „2012" ist nicht darunter.

Doch wir dürfen fraglos davon ausgehen, dass der mystische Prognostiker ein ausgeklügeltes chronologisches System verwendete, das wie ein Räderwerk Zeiten und Ereignisse miteinander verzahnt. Und wiederum ist es Nostradamus-Spezialist Manfred Dimde, der den entsprechenden Zusammenhang herzustellen vermag. Der Licht ins Dickicht der Wortspiele und Mehrdeutigkeiten bringt.

Leider, ist man versucht zu sagen. Denn somit ist uns auch die Gnade der Unwissenheit genommen. Sehenden Auges müssen wir uns damit abfinden: Die vor uns liegende Dekade wird hart. Sehr hart. Die Centurien künden von unheilvollen Gefahren. Im Schicksalsbuch der Menschheit heißt es:

Unter der ionischen Küche – gefährliche Vorbeifahrt.
Wird sein vorübergehend der Nachgeborenen Last.
In den Bergen das Schlimmste geht vorüber ohne Belastung.
Stich wo Eins lacht. Führer in der Falle.
(X. Centurie, Vers 11)

Dieses Szenario dräut möglicherweise schon 2011 heran. Was bedeutet dies?

„Ionische Küche", erläutert Dimde, war für Nostradamus „der treffende Ausdruck für chemische Küche. Durch den Einsatz von Chemiewaffen kommt es für die gesamte Menschheit zu einem der bedrohlichsten Augenblicke seit dem letzten großen Kometeneinschlag."[14]

Das Folgejahr wird nicht viel besser. Im Vers für 2012 heißt es: „Erhöht das Papsttum, erniedrigt wird sein die Moschee" (X,12). Für Manfred Dimde ein klarer Hinweis: Uns stehen Glaubenskriege zwischen Christen und Muslimen bevor.[15] Der Rest des Quatrains behandelt die tödliche Wirkung der chemischen Waffen.

Auch 2013 sollen Kriege und Katastrophen vorherrschen. Die Passage „Versteckte Soldaten lenken die dröhnenden Waffen" im Vers 13 der X. Centurie deutet Dimde als Raketenangriff. Außerdem können wir lesen, dass Arglist und Übel die zweite Runde der globalen Auseinandersetzung einleiten werden. „Vermutlich sind mit *Übel* und *Arglist* die Institutionen UNO und NATO gemeint."[16]

Erst im Jahr 2014 werde der schreckliche Krieg zu Ende gehen – zugleich aber ein „Schock wegen der Kriegsfolgen" eintreten: „Die meisten Überlebenden sind Wracks, deren Haut voller eitriger Ausschläge ist … Nach Nostradamus werden die Überlebenden die kriegsführenden Staaten, unabhängig von deren einstigen Motiven, verfluchen."[17]

Grauenvoll. Man mag gar nicht weiterlesen, wie der Nostradamus-Ausleger Dimde das „Jahr der Spätfolgen" – also 2015 – und „Das Jahr der Bilanz" (2016) beschreibt. Stattdessen beschleicht uns voller Bitterkeit die Frage: Warum hat niemand dieses Geschehen verhindert? Denn keineswegs hat es der berühmteste Seher aller Zeiten an mahnenden Hinweisen fehlen lassen.

Etwa im siebten Vers der X. Centurie:

> *Großer Streit, den man im alten Jahr vorbereitet.*
> *Der Ausgemergelte spricht zu allen, ich bin die Suppenspeise.*
> *Die Insel der Briten wird durch salzigen Wein gereizt.*
> *Im Halbkreis gesetzt zwei Fäden, elf Zeiten halten nicht Mahlzeiten.*

Mit seinem „geheimen Schlüssel zur Zeitbestimmung und Textdeutung“ der Nostradamus-Poeme hat Manfred Dimde diesen Quatrain eindeutig auf 2007 datiert – „Das Jahr der Warnung“. Als Deutung steht in dem Zeitschriften-Special „Nostradamus entschlüsselt“ (erschienen 1999) denn auch zu lesen: „Es gilt hier zu erkennen, wo das Desaster seinen Anfang nimmt und welchen Schaden die Staatsführer anrichten können. Der Ausgemergelte ist ein typischer Ausdruck für den Hunger. Der ‚Hunger‘ sagt: ‚Ich, der Hunger, werde Eure Speise sein.‘ Diese Warnung betrifft nicht nur einen Zeitraum von 60 oder 100 Tagen, sondern ganze elf schreckliche Jahre!“

Mitauslöser für den Weltkrieg um 2011/2012 herum ist dann die Ermordung von vier Staatsmännern innerhalb einer Woche. Diese Attentate ereigneten sich gegen Ende des Jahres 2010, im November. Frei nach Vers X,10: „Vier gekaufte Mörder, ungeheurer Krieg entsteht.“ Nicht von ungefähr war 2010 bei Manfred Dimde „Das letzte Jahr“.

Sic! So steht es da: „Im Verlauf dieses schicksalhaften Jahres werden vier Staats- und Regierungschefs bei Terroranschlägen auf grauenvolle Weise ums Leben kommen.“[18]

Da muss uns wohl etwas entgangen sein. Und nicht nur diese weltbewegenden Ereignisse zogen unbemerkt an uns vorüber.

Vergegenwärtigen wir uns noch einmal Dimdes Interpretation von Vers X,13: „Vermutlich sind mit *Übel* und *Arglist* die Institutionen UNO und NATO gemeint.“ Seltsam, denn die UNO gibt es doch schon seit 2002 nicht mehr – laut dem „bekanntesten Nostradamus-Deuter der Gegenwart“.[19]

Denn: Im „Jahr der Politik“ (2002) „müssen wir damit rechnen, dass sich in absehbarer Zeit die UNO in zwei Organisationen aufteilen wird“, extrahiert Dimde aus dem zweiten Vers der X. Centurie („Viele Besiegte vereinigen sich zu einem eigenen Zusammenschluss“). Und zwar: „In der einen formieren sich die westlichen, u.a. auch die christlichen Staaten, und in der zweiten die islamischen Staaten, die sich innerhalb der UNO nicht mehr gerecht behandelt fühlen."

Ein weltumspannendes neues Verkehrssystem (2000)? Die erste bemannte Mars-Expedition (2005)? Eine neue Waffe, welche „die islamische Welt in Begeisterung und Siegeszuversicht versetzt" (2006)? Ebenso Fehlanzeige. Und so langsam dämmert uns die Erkenntnis, dass Manfred Dimde mitnichten „als Erster und Einziger" die „Centurien" des Nostradamus entschlüsselt hat – sondern orientierungslos in den Sibyllenhöhlen seines Idols herumirrt.

Man mag es ihm nachsehen, denn längst sind die Schriften des Renaissance-Gelehrten „zum Zauberwerk der Weltgeschichte" mutiert", schreibt der Psychologe Dr. Elmar R. Gruber in seinem Standardwerk „Nostradamus. Sein Leben, sein Werk und die wahre Bedeutung seiner Prophezeiungen"[20]. Die zehn „Centurien" mit ihren 942 Versen enthalten alles, „was die verunsicherten Menschen darin finden wollen. Es ist ein kollektiver Rohrschach-Test, in dem die Buchstaben die Rolle der Tintenkleckse einnehmen, in die jeder das projizieren kann, was ihm seine erregte Seelenlage diktiert."

Oder seine Geschäftstüchtigkeit, möchte man hinzufügen – beim Barte des Profites. Vermeintliche Katastrophenjahre wie 2012 lassen die Anzahl von Nostradamus-Auslegungen sprunghaft in die Höhe schnellen. Und regelmäßig geben die Aneigner der Centurien sich unbeeindruckt von der Tatsache, dass keiner der teils höchst komplexen numerologischen, astrologischen oder semantisch-okkulten „Schlüssel" je gepasst hat, mit denen seit fünf Jahrhunderten versucht wird, die apokryphen Texte für die unwissende Allgemeinheit zu öffnen.

Kein Wunder – denn es gibt keinen Nostradamus-Schlüssel. Und jede Suche danach kommt einem nutzlosen Beschäftigungsprogramm für Phantasten gleich.

Was es gibt, ist die eklektische Orakelpoesie einer schillernden historischen Persönlichkeit. Ein „labyrinthischer Turm aus Worten, der erst in der Rezeption durch seine Anhänger zu einem babylonischen Turm wurde".[21] Und so tun wir dem ehrenwerten Medicus Michel de Notredame gewiss kein Unrecht, wenn wir ihn als eine Art „surrealistischen Objektkünstler"[22] betrachten, vor allem aber als einen Mann des 16. Jahrhunderts, dessen Umwälzungen er in verstörenden Bilderfolgen collagierte.

An der unzulässigen mythischen Überhöhung des gelehrten Humanisten und Chronisten seiner Gegenwart scheitern mit schöner Regelmäßigkeit all jene, die in Nostradamus' Werken nach Einsichten in den Lauf des Schicksals fahnden. Denn nichts weist darauf hin, dass der raunende Provençale mit übersinnlichen Informationen von künftigen Ereignissen renommierte.

Was also hat es mit den „Centurien" wirklich auf sich?

Kehren wir zu unserem Eingangsbeispiel zurück – und damit ins Frankreich der Renaissance. Nach St. Remy, Nostradamus Geburtsort, etwa zwanzig Kilometer südlich von Avignon. Wie heißt es in Vers V., 57:

Istra du mont Gaulsier & Aventin,
Qui par le trou advertira l'armee,
Entre deux rocs sera prins le butin,
De SEXT. mansol faillir la renommee

In der Lesart der Nostradamus-Fans ein unzweideutiger Hinweis auf die Montgolfière und Papst Pius VI.

Wirklich? Sehen wir uns vor Ort mal um.

St. Rémy-de-Provence im heutigen Département Bouches-du-Rhône war einst ein bedeutendes römisches Handelszentrum. Dicht bei der Stadt liegen die Überreste des antiken Glanum, einer gallischen Siedlung aus dem 6. Jahrhundert v. Chr., die Ende des 2. Jahrhunderts v. Chr. von den Römern besetzt und überbaut wurde.

Gut erhalten geblieben sind bis heute das in drei Geschosse aufgeteilte Julier-Denkmal (das man für ein Grabmal hielt und das deshalb im Volksmund Mausoleum genannt wurde) und der große Triumphbogen.[23] Diese antiken Monumente waren schon vierzehn Jahrhunderte alt, als Nostradamus sie in seiner Kindheit tagtäglich erblickte.

Was er dabei auch gesehen haben muss, ist eine Inschrift in mittlerer Höhe des Mausoleums, die heute nur noch bruchstückhaft zu entziffern ist: SEX.L.M.IVLIEI.C.F. PARENTIBVS. SVEIS. Im archäologischen Museum von St. Rémy ist zu erfahren, dass der vollständige Text wohl so lautete: SEX(tus) L(ucius)M(arcus)IVLIEI C(aii)F(ilii)PARENTIBVSSVEIS. Was so viel bedeutet wie: „Sextus Laelius, der Gatte von Julia, hat diese Säule für seine Eltern errichtet."

Offenbar wurde das Bauwerk von einem Römer namens Sextus errichtet – sehr wahrscheinlich die Quelle für das „SEXT" im Nostradamus-Quatrain V,57. Im Vorwort zu seinem Buch „Excellent et moult utile Opuscule" von 1555 mit allerlei kosmetischen und medizinischen Ratschlägen nennt Nostradamus sich selbst „Sextropheae Natus Gallia", also „Bewohner der Gegend Galliens mit dem Mausoleum des Sextus".

Um das römische Julier-Monument wurde gegen Ende des 12. Jahrhunderts das Kloster St. Pol de Mausole gebaut, wobei „Pol" nichts anderes als die provençalische Schreibweise von „Paul" ist. Im 19. Jahrhundert beherbergte das Kloster ein Hospital für Geisteskranke, in das sich 1889 auch der Maler Vincent van Gogh kurz vor seinem Selbstmord zurückzog.

Darüber hinaus findet man in St. Rémy noch weitere Besonderheiten, die sich in den Quatrains V,57, IV,27 und X,29 widerzuspiegeln scheinen: In der Umgebung der Stadt ragt der Berg Mont Gaussier empor, der im Altfranzösischen „Gaulsier" geschrieben wurde. In einem Felsmassiv gleich daneben (Rocher des deux Trous) klaffen zwei mannshohe Löcher,[24] durch die man zur einen Seite die Stadt und zur anderen eine alte römische Straße sieht. Von dieser Stelle konnte man zum Beispiel einen herannahenden Feind frühzeitig ausmachen – genau so, wie es in V,57 aufscheint:

Er wird vom Mont Gaulsier und Aventin hervorgehen,
der durch das Loch die Armee benachrichtigt.
Zwischen zwei Felsen wird die Beute ergriffen,
vom SEXT. mansol verblasst der Ruf.

Nur in der Einbildungskraft von Nostradamus-Deutern wird aus „SEXT mansol" ein Papst und aus einem Berg ein Ballon.

In Wahrheit ist die Warnung durch das Loch im Felsen der Anklang an eine historische Begebenheit zu Nostradamus' Lebzeiten in seinem direkten geografischen Umfeld: Durch Signale aus einem Loch im Rocher des deux Trous neben dem Mont Gaussier wurde 1536 ein Handstreich gegen eine Abteilung der Truppen Karls V. während seiner versuchten Invasion in der Provence ausgeführt.[25]

Ganz ähnlich verhält es sich mit dem 51. Vers der II. Centurie: der Hinrichtung Charles I. und dem Londoner Brand:

Das Blut des Gerechten wird zur Schuld Londons,
verbrannt durch Blitz von zwanzig drei die Sechs,
die alte Dame fällt von ihrem hohen Ort,
von derselben Partei werden mehrere getötet.

Es existiert keine Quelle, aus der man ableiten könnte, dass die St. Pauls-Kathedrale zu irgendeinem Zeitpunkt „The old Lady" genannt wurde. Ganz abgesehen davon, dass die Bedeutung des Wortes „antique" im Altfranzösischen auch „exzentrisch" oder „senil" einschließt. Auch eine Statue (etwa eine Mariendarstellung) kann Nostradamus nicht gemeint haben, da auf zeitgenössischen Abbildungen des gotischen Bauwerks keine

Statuen auf den Außenkonstruktionen (dem vermeintlichen „hohen Ort") zu sehen sind.

Dafür passt Vers II,51 verblüffend genau auf ein anderes Ereignis der englischen Historie – allerdings nicht 111 Jahre nach Nostradamus' Tod, sondern kurz vor der Entstehung der Centurien:

Das Blut der Gerechten wird zur Schuld Londons: 1553 wird Maria I. (Mary Tudor), auch „die Katholische" oder „die blutige Maria" genannt, Königin von England. Ihr Versuch, das Land zum Katholizismus zurückzuführen, geht ab Januar 1555 mit zahlreichen Hinrichtungen einher, unter den Opfern auch der Erzbischof von Canterbury, Thomas Cranmer.

Verbrannt durch Blitze von zwanzig drei die sechs: Die beschuldigten protestantischen Häretiker wurden an einen Pfahl gefesselt verbrannt. Als Gnadenakt und um ihr Ableben zu beschleunigen, legte man ihnen Säcke mit Schießpulver zwischen die Beine oder auf den Kopf, die explodierten, sobald das Feuer sie erreichte. Die Hinrichtungen begannen am 22. Januar 1555, die Verurteilten wurden in Gruppen zu je sechs Personen exekutiert.

Die alte (senile/exzentrische) Dame fällt von ihrem hohen Ort: Maria I., die von Biografen als abgezehrt, an Wassersucht und anderen Krankheiten leidend, besessen von ihren religiösen Irrungen und halb wahnsinnig geschildert wird, stirbt nicht unerwartet bald danach, im November 1558.

Von derselben Partei werden mehrere getötet: Etwa 300 Protestanten fallen dem blutigen Wahn der Tudor-Königin zum Opfer.

Konnte Nostradamus all das frühzeitig genug erfahren haben, um es noch in die Erstausgabe der „Centurien" vom Mai 1555 einzubauen? Mit einiger Sicherheit.

Nostradamus stand vermittels Boten in lebhaftem Austausch mit anderen Gelehrten seiner Zeit über die neuesten medizinischen, mathematischen oder astronomischen Entdeckungen, und über diesen gut funktionierenden „wissenschaftlichen Nachrichtendienst" kamen jede Menge Klatsch wie auch Nachrichten von aktuellen politischen Ereignissen in relativ kurzer Zeit zu ihm.

Zweifellos erschütterten ihn die Ereignisse in England sehr – hatte doch auch seine eigene Familie (respektive sein Großvater väterlicherseits) zwangsweise vom Judentum zum Katholizismus konvertieren müssen.

Von „natürlichem Instinkt" und „poetischem Furor" schreibt Nostradamus denn auch in einem Brief an seinen König, Heinrich II. von Frankreich. Seinem ältesten Sohn César hinterlässt er in der Vorrede zu den Centurien diese Gedanken: „Noch eines, mein Sohn, da ich den Begriff Prophet verwendet habe: Ich will mir in heutiger Zeit den Titel so großer Erhabenheit nicht zulegen. Denn wer heute Prophet genannt wird, hieß ehedem Seher. Denn der eigentliche Prophet, mein Sohn, ist jener, welcher Dinge sieht weit entfernt von jeder natürlichen Kenntnis."

Kein Prophet also, sondern ein „Seher" im Wortsinn? Einer, der mit offenen Augen, scharfem Blick und wachem Verstand durch die Welt geht und überall Elend, Pestilenz, Ignoranz, Dummheit, Fanatismus, Neid, Falschheit, Machtgier, Lüge, Krieg und Missgunst sieht? Ein humanistisch beseelter Literat, der gegen das Elend seiner Zeit anschreibt?

Was erblicken wir wirklich, wenn wir dem Arzt und Astrologen die Maske des Propheten vorsichtig vom Gesicht nehmen? Vielleicht einen Jules Verne der Renaissance, der an den Wänden seiner Dachkammer die dunklen Schatten seiner Zeit irrlichtern sah und, vielleicht im Rauschzustand, in vierzeilige Gleichnisse übersetzte.

Diese nüchterne Lesart – die Nostradamus keineswegs Gaukelei oder Scharlatanerie nachsagt – erhellt auch den berühmten Vers I,35 vom Tod Heinrichs II:

Der junge Löwe wird den alten überwinden,
auf kriegerischem Feld im Einzelstreit.
Im goldenen Käfig wird er ihm die Augen spalten, von zwei Flotten setzt sich eine durch,
der Besiegte stirbt einen grausamen Tod.

Der sagenumwobene Quatrain „ist von Zeitgenossen nicht einmal wahrgenommen worden", behauptet der renommierte französische Historiker Georges Minois.[26] Und das mit guten Gründen: Heinrich II. war vierzig Jahre alt, Graf Montgomery mit 29 Jahren nur knapp zehn Jahre jünger. Letzterer war kein König, sondern Soldat, also mitnichten ein „Löwe" als klassisches Symbol für Königtum. Könnte man den Löwen eventuell auf die Turnierembleme hindeuten? Nein, denn weder von Heinrich noch von Montgomery ist die heraldische Verwendung eines Löwen belegt (das Wappentier der Valois-Könige war der Hahn). Außerdem spielte sich das Drama nicht „auf kriegerischem Feld" ab, und nirgends ist überliefert, dass Heinrich II. einen auffälligen goldenen Helm oder ein goldenes Visier trug.

Im Jahr 1555, als Nostradamus diese Verse schrieb, war vielmehr Heinrich II. der „junge" und Karl V. mit seinem goldenen Helm – der deutsch-römische Kaiser, der sich mit den Franzosen heftige Kriege lieferte – der „alte" Löwe. Gemeint hatte Nostradamus schlicht das Gegenteil dessen, was zahllose Interpreten in I,35 hineinlesen: nämlich, dass sein König Heinrich II. von Frankreich über seinen Erzfeind obsiegen möge.

Tatsache ist, dass Heinrichs Gemahlin Katharina von Medici den provenzalischen Propheten im August des Jahres 1556 an den Königshof St. Germain-en-Laye befahl. Gewiss jedoch nicht, um mit ihm in banger Sorge um das künftige Schicksal ihres Mannes speziell über den Vierzeiler I,35 zu sprechen, wie wiederum sogar der esoterikkritische *Spiegel* kolportiert:[27] „Nostradamus hatte ihn [Heinrich II.] während einer Audienz bei Hofe 1556 mit eigener Zunge gewarnt."

Das ist eine glatte Erfindung der Nostradamiker, denn Heinrich II. konnte den Vers gar nicht auf sich beziehen. Mit dem König selbst wechselte Nostradamus ohnehin bloß ein paar Worte, und was die Königin von ihm wollte, waren in erster Linie Horoskope für die sieben Königskinder.[28]

Die zutiefst okkultgläubige Florentinerin Katharina von Medici suchte seit frühester Jugend Rat bei Wahrsagern und Zauberern. Sehr beeindruckt scheint sie von Nostradamus indessen nicht gewesen zu sein (wenn sie ihn auch 1564 bei einer Rundreise durch Frankreich noch einmal in Salon aufsuchte und ehrenhalber zum Leibarzt des 14 Jahre alten Königs Karl IX. ernannte). Denn der Seher beklagt sich später in einem Brief an einen Freund bitter über das knausrige Honorar von 130 Écus, das kaum die Reisekosten deckte. Zum Triumph für Nostradamus schrieb erst dessen Sohn César die Begegnung mit der Königin und den tödlichen Unfall des Königs um. Und zwar 1614 in seiner „Historie et Chronique de Provence". Also 48 Jahre nach dem Tod des Vaters am 1. Juli 1566.

Etwa seit diesem Jahr tritt jedes Jahr aufs Neue ein nächst besserer Deuter an die Öffentlichkeit, der die dunklen Rätselsprüche des Nostradamus überbelichtet. Und durchgängig herrscht Einfalt in der Vielfalt.

Zum Beispiel die Sache mit dem Planeten Neptun. Eine der großen prognostischen Visitenkarten des Sehers? Mitnichten.

Jupiter, mehr mit Venus als dem Mond verbunden,
zeigt sich von hellem Glanz.
Venus, hinter dem Schein Neptuns verborgen,
wird vom Mars geprägt, durch die große Verzweigung,

lautet der legendäre Vers IV,33 – der jedoch in unmittelbarem Zusammenhang mit dem dicht vorausgehenden Vers IV,28 gesehen werden muss:

Lors que Venus du Sol sera couvert,
souz l'esplendeur sera forme l'occulte.
Mercure au feu les aura descouvert.
Par bruit bellique sera mis à l'insulte.

Übersetzt:

Wenn Venus von der Sonne verdeckt sein wird,
wird sie hinter dem Schein des Lichts verborgene Formen annehmen.
Merkur wird es unter Feuer enthüllen.

Hier wird deutlich, dass Nostradamus in diesen beiden Vierzeilern keine Planetenkonstellation beschreibt, sondern ein alchemistisches Ritual, bei dem es anscheinend um die Herstellung einer Metall-Legierung geht.[29]

Die Alchemisten des Spätmittelalters ordneten bestimmte Metalle den Gottheiten der griechischen Mythologie zu (nach denen auch die Planeten benannt sind). So wurde beispielsweise Kupfer mit der Liebesgöttin Venus in Verbindung gebracht, Eisen mit Mars, dem Gott des Krieges. Neptun wiederum symbolisierte in der Vorstellungswelt der Geheimwissenschaft Alchemie das Element Wasser.

Diese alchemistische Tradition ist bis weit ins 20. Jahrhundert hinein erhalten geblieben: Uran (entdeckt 1789) wurde nach Uranus benannt, Neptunium (1940) nach Neptun, Plutonium (1941) nach Pluto.

Und Hitler?

Immerhin war es Jean-Charles de Fontbrune, der 1981 mit seinem Bestseller „Nostradamus. Historien et Prophete“ ein regelrechtes Nostradamus-Fieber in Frankreich entfachte.[30] Sollte tatsächlich auch er der Versuchung der „subjektiven Gültigkeitserklärung“ verfallen, den Quatrains eine neue, aber vollkommen abwegige Bedeutung zu verleihen?

Es sieht so aus.

Und weil Fontbrunes „Hitler“-Deutung uns zugleich einen exemplarischen Leitfaden für die kritische Prüfung der Prophezeiungen des Nostradamus in vier Schritten an die Hand gibt, wollen wir dieses Rätsel etwas vertiefen.

Erste Frage: Stammt die Vorhersage überhaupt von Nostradamus?

Aus der Vielzahl der frei erfundenen „Nostradamus-Verse“ ragt insbesondere der Internet-Hoax[31] zum 11. September 2001 heraus, der in dieser und zahllosen ähnlichen Formulierungen nach den Anschlägen kursierte – ein Mischmasch aus herausgerissenen Versbrocken und Eigenkreation: „Am elften Tag des neunten Monats werden zwei eiserne Vögel in die höchsten Statuen der Stadt stürzen. Die neue Stadt wird einen großen Donner erleben, der zwei Brüder auseinanderreißt.“

Auch Fontbrunes „Hitler“-Vers macht erst einmal stutzig, da er nicht dem üblichen Versmaß der „Centurien“ entspricht:

Plusieurs mourront avant que Phoenix meure,
Jusques six cents est sa demeure,
Passé quinze ans, vingt et un, trente-neuf,
Le premier est subject à maladie,
Et le second au fer danger de vie
Au feu à l'eau est subject trente-neuf.

Einem Fernsehteam der ProSieben-Reihe „Galileo Mystery“ drängte Fontbrune diese deutsche Entsprechung auf – nebst Ergänzungen:

Viele werden sterben, bevor der Phönix stirbt.
Er wird 670 [Monate] auf Erden wohnen,
während die Jahre [19]15, [19]21 und [19]39 vorüberziehen werden.

Im ersten [1915] wird er erkranken
und im zweiten [1921] wird er eine lebensgefährliche Streitmacht haben;
[19]39 wird eine feurige Sintflut ausbrechen.

Nostradamus verfasste üblicherweise Quatrains, also Vierzeiler, während Fontbrune mit dem „Sechszeiler 53" wedelt. Daraus folgt zumindest, dass Fontbrunes Hitler-Prophezeiung nicht zum Hauptwerk des Nostradamus gehört: den besagten zehn „Centurien" mit jeweils 100 Quatrains (Ausnahme: siebte Centurie mit nur 42 Vierzeilern).

Die 58 Sechszeiler stammen aus Nostradamus' Nachlass und werden von manchen Forschern kurzerhand zur „elften und zwölften Centurie" erklärt. Oder aber – wohl richtiger – unter „andere Voraussagen" subsumiert.

Wie auch immer: Die Urheberschaft dieser zusätzlichen Verse ist umstritten. Eine Fälschung konnte bislang ebenso wenig nachgewiesen wie ausgeschlossen werden. Oder handelt es sich bei dem Sechszeiler um die irgendwie entstellten fehlenden Verse der VII. Centurie? Auch das bleibt ungeklärt.

Allerdings ist dieser Expertenstreit für unsere Fragestellung eher von randständiger Bedeutung. Denn selbst wenn der Sechszeiler 53 nicht von Nostradamus' eigener Hand stammen sollte, ist doch von einem historischen Alter auszugehen, welches die grundsätzlich zu berücksichtigende Möglichkeit einer „Nachhersage" (wie im Fall 11. September) zweifelsfrei ausschließt.

Zweite Frage: Stimmen die angeblich beschriebenen Fakten?

Rufen wir uns Fontbrunes Deutung noch einmal in Erinnerung (hier in etwas erweiterter Form, wie sie dem Autor dieses Buches von „Galileo Mystery" im Wortlaut zur Verfügung gestellt wurde) und gleichen sie mit Lexika und Geschichtsbüchern ab:

- *„Hitler lebte 56 Jahre, das sind 670 Monate."*
  Falsch. Hitler lebte vom 20. April 1889 bis zum 30. April 1945. Das sind 672 Monate.

- *„Hitler war Gefreiter im Ersten Weltkrieg. Er wurde zweimal verletzt, beide Male im Jahr 1915."*
  Falsch. In Nordfrankreich wurde Hitler im Oktober 1916 am Bein verwundet und am 15. Oktober 1918 nach einem Gasangriff in das Lazarett der vorpommerschen Stadt Pasewalk eingewiesen.

- *„Im zweiten [1921] wird er eine lebensgefährliche Streitmacht haben."*
  Falsch. Als Hitler im Juli 1921 mit einem Ultimatum seine Wahl zum Vorsitzenden der NSDAP erzwang, zählte die Partei zwischen 2000 und 3000 Mitglieder. Damit wurde er zu einer politischen Lokalgröße, galt außerhalb Bayerns aber immer noch als „Bierkelleragitator".

- *39 wird eine feurige Sintflut ausbrechen: „1939 brach der Zweite Weltkrieg aus – weil Hitler ihn begann."*
  Richtig. Auslöser des Zweiten Weltkriegs war in Europa der Angriff des Deutschen Reiches auf Polen. Dieser erfolgte ohne vorherige Kriegserklärung am 1. September 1939.

Damit hätte Jean-Charles de Fontbrune immerhin einen Treffer – und damit mehr als die allermeisten Nostradamus-Deuter, die sich auf konkrete Zahlenspiele einlassen. Wie zum Beispiel der Münchener Astrologe Kurt Allgeier, der folgende kuriose Deutung von III,77 (einer der acht Verse mit exakter Jahresangabe) abliefert:[32]

Le tiers climat sous Aries comprins,
L'an mil Sept cens vingt & sept en Octobre.
Le Roy de Perse par ceux d'Egypte prins:
Conflit, mort perte à la croix grand opprobe.

Die dritte Klimazone unter dem Zeichen Widder
Wird es im Jahre 1727 im Oktober verstehen.
Der Herrscher von Persien ist in der Hand der Ägypter.
Krieg, Tod, Verlust. Große Schande für das Kreuz.

„Ein sehr bezeichnender und wichtiger Vers", kommentiert Allgeier, „in dem Nostradamus einmal mehr das Abendland und seine unbedachte Politik für die heutige Situation verantwortlich macht: Im Oktober 1727 besiegte das Osmanische Reich, zu dem Ägypten damals gehörte, den letzten Safawiden Hosain. Damit war die persische Dynastie am Ende. Sehr intensiv hatten sich die Perser zuvor um engere Beziehungen und Hilfen aus Europa gegen die Türken bemüht, die im Westen bereits keine große Rolle mehr spielten. Doch den europäischen Staaten war Persien zu unbedeutend. Aus jener Zeit resultieren viele iranische Animositäten gegenüber Europa. Die dritte Klimazone ist der Herbst."

Ein Triumph für Nostradamus? Allenfalls ein Versuch, Verdrehungen und Unwahrheiten über die Realität triumphieren zu lassen. Denn auch hartnäckiges Blättern in den Geschichtsbüchern erbringt nichts, was diesen „Weissagungen" auch nur annähernd entspricht.

Erstens war Hosain nicht der letzte Safawide. Zweitens war 1727 Tahmasp II. an der Macht. Drittens gab es 1727 weder einen persisch-ägyptischen noch einen persisch-türkischen Krieg, keine Gefangennahme irgendeiner Hoheit, keinen Friedensschluss.

Was man Allgeier indes zugutehalten muss: Wenigstens trifft seine Übersetzung so einigermaßen den Kern den Sache. Und das bringt uns zur nächsten Problematik einer jeden Nostradamus-Analyse.

Dritte Frage: Ist die Übersetzung korrekt?

Nostradamus kreierte für die „Centurien" eine poetisch-hermetische Symbolsprache, ohne freilich ein wirklich begabter Poet zu sein. Dass seine Werke dennoch die Aura des Geheimnisvollen versprühen, liegt zuvörderst an ihrer – eigentlich unbeholfen zu nennenden – grammatikalischen Willkür und der Vermengung einer Vielzahl dichterischer Stilmittel und Manierismen, noch dazu überfrachtet mit biblischen Krypto-Zitaten sowie geografisch-historisch Anspielungen.

Schon 1882 schrieb ein französischer Nostradamus-Kritiker: „Der Stil der Centurien ist so vielgestaltig und so nebelhaft, dass ein jeder, der ein wenig Anstrengung und guten Willen aufbringt, in ihnen das findet, was er sucht."

Dieses Urteil gilt umso mehr für die Übertragung der „Centurien" in eine andere Sprache als das ursprüngliche Altfranzösisch, etwa ins Deutsche. Nostradamus-Autoren betätigen sich in aller Regel eher als eine Art Ghostwriter des Sehers denn als Übersetzer und realisieren überall sinnvolle Muster in dessen unverständlicher Vorlage – von denen sie schließlich glauben, es handle sich um objektive Bestandteile des Werkes.

Vergleichen wir also die Übersetzung, die Jean-Charles de Fontbrune dem „Galileo Mystery"-Team für den Sechszeiler 53 diktierte, mit den wenigen sonstigen deutschen Übersetzungen, die für diese „andere Voraussage" des Nostradamus verfügbar sind:

Plusieurs mourront avant que Phoenix meure,
Jusques six cents est sa demeure,
Passé quinze ans, vingt et un, trente-neuf,
Le premier est subject à maladie,
Et le second au fer danger de vie
Au feu à l'eau est subject trente-neuf.

Fontbrune:

„Viele werden sterben, bevor der Phönix stirbt.
Er wird 670 [Monate] auf Erden wohnen,
während die Jahre [19]15, [19]21 und [19]39 vorüberziehen werden.

Im ersten [1915] wird er erkranken
und im zweiten [1921] wird er eine lebensgefährliche Streitmacht haben;
[19]39 wird eine feurige Sintflut ausbrechen.“

Der Schweizer Historiker Jean-Claude Pfändler übersetzt hingegen:

„Einige werden sterben, bevor Phönix stirbt.
Bis 670 dauert sein Verweilen.
Nachdem er die 15 Jahre, die 21 und 39 Jahre hinter sich gebracht hat.
Beim ersten Mal ist er einer Krankheit unterworfen
und beim zweiten Mal dem Eisen, wobei Lebensgefahr besteht.
Dem Feuer und dem Wasser ist er mit 39 Jahren unterworfen.[33]

Der in Paraguay lebende deutsche Nostradamus-Autor Ray Nolan folgt dieser Lesart weitgehend:

Mehrere werden sterben, bevor der Phönix stirbt,
bis Sechshundertsiebzig ist sein Absterben,
vergangen fünfzehn Jahre, einundzwanzig, dreißig-neun (39),
der Erste ist Gegenstand der Krankheit
und der Zweite des Schwerts, Lebensgefahr,
zum Feuer in das Wasser, ist Ursache dreißig-neun.[34]

Schon diese zwei Alternativ-Versionen machen überdeutlich, dass Fontbrune nicht redlich übersetzt, sondern unzulässig interpretiert. Und dass bei halbwegs korrekter Bearbeitung des Sechszeilers 53 – ohne kreative Veränderungen beziehungsweise Hinzugedichtetes – Hitler und der Zweite Weltkrieg in weite Ferne rücken.

Spätestens hier, bei unserer dritten Frage, ist der nostradamitische „Hitler"-Vers des Franzosen Jean-Charles de Fontbrune als Wunschdenken und/oder Geschäftemacherei entlarvt.

Vierte Frage: Was hat Nostradamus wirklich gemeint?

Die historisch-kritische Nostradamus-Forschung findet keinen Hinweis darauf, dass Mystery-Man der frühen Neuzeit ein Betrüger war. Allerdings auch nichts, was auf echte paranormale Fähigkeiten hindeuten würde. Die vermeintliche Zukunft, die der „Jules Verne der Renaissance" zu Papier brachte, liegt offenkundig in Nostradamus' Gegenwart. Mithin lohnt es sich in einem weiteren Analyse-Schritt meistens, sich auf die Suche nach dem realen Ursprung seiner verdunkelten Anspielungen zu machen, nach Ereignissen, Personen und Entsprechungen im 16. Jahrhundert und davor – oder auch in literarischen Quellen, aus denen Nostradamus erwiesenermaßen umfänglich schöpfte. Also so, wie wir auch mit „Mont Gaussier" und „Neptun" bereits verfahren sind.

Versuchen wir uns zur Abrundung unserer skeptischen Analyse diesbezüglich auch am Sechszeiler 53, ohne dabei in denselben Interpretationswahn der Dimdes, Fontbrunes, Allgeiers und Co. zu verfallen.

Als zielführend für eine sinnvolle Bedeutungs-Rekonstruktion erweist sich häufig der Vergleich von Schlüsselbegriffen, exemplarisch etwa der „Phönix" aus Zeile eins des Verses. Tatsächlich findet sich ein „Phönix" noch in der VIII. Centurie, Vers 27, sowie in den beiden Sechszeilern 25 und 48:

Vom alten Charon wird man den Phönix sehen,
höchstes Wesen und der Letzte seiner Söhne,
leuchtend in Frankreich, und zu allen liebenswürdig,
lange Zeit regieren, mit allen Ehren,
wie sie seine Vorgänger niemals hatten,
von was er seinen denkwürdigen Ruhm überliefern wird.

Sechshundert und sechs, sechshundert und neun,
ein Kanzler, groß wie ein Ochse,
alt wie der Phönix der Welt,
in seinem Land wird er nicht mehr glänzen,
von dem Schiff der Vergessenheit wird er gestreift werden,
auf den elysäischen Feldern die Runde machen.[35]

Anscheinend wird der „Phönix" von Nostradamus üblicherweise nicht als konkrete Person gedacht, sondern im klassischen – und nahe liegenden – Sinne als Symbol für langes Leben / Unsterblichkeit.

Einer Webseite zum Thema Zeitrechungssysteme[36] kann man entnehmen, dass eine „Phönix-Periode" seit dem Altertum eine symbolische Zahlenangabe für einen sehr langen Zeitraum ist. Ganz konkret werden hier „660 Jahre" genannt. Also auffallend nahe an der Zahlenangabe 670 bei Nostradamus.

Beziehen wir nun in unsere Überlegungen die Tatsache mit ein, dass Nostradamus die nachweisbare Gewohnheit hatte,[37] den französischen Königen und Herrschern stets ein langes Leben und ein erfolgreiches Regieren zu „prophezeien" (heißt: zu wünschen), dann liegt im Großen und Ganzen der Schluss nahe, dass sich hinter dem Sechszeiler 53 das Fragment eines persönliches Horoskops für eine hochrangige Persönlichkeit seiner Zeit verbirgt.

In seinem üblichen verklausulierten Stil verheißt Nostradamus dem Adressaten ein langes Leben, in dessen Verlauf die in Rede stehende Person vielen Gefahren (Krankheiten, Schlachten etc.) ausgesetzt ist, diese aber alle überstehen wird.

Weit hergeholt? Nicht unbedingt.

Denn Dr. Elmar R. Gruber ist die eingehende Analyse und Transkription eines originalen Nostradamus-Manuskripts zu verdanken,[38] das 1992 in der Augsburger Universitätsbibliothek entdeckt wurde. Dabei handelt es sich um ein Horoskop, welches Nostradamus für den Habsburger-Prinzen Rudolf, den Sohn Maximilians II. und späteren Kaiser Rudolf II. des Heiligen Römischen Reiches, verfasste.

Und in diesem Text finden sich fast wörtlich dieselben Sätze wie im Sechszeiler 53:

> *„Eure Majestät wird von drei Qualen stark beeinträchtigt werden, die Euch in Eurem Leben zustoßen werden und die Eure hervorstechendsten Krankheiten sein werden. Die erste ist in Eurem Alter von 13 und 14 Jahren angezeigt durch ein Quadrat von Saturn zum Mars, mit kalten und heißen Fieberschüben."*

Weitere Erkrankungen des Kaisers sah Nostradamus für die Lebensjahre zwischen 21 und 24 und um das 36ste herum.

Seinen Klienten sagte der Renaissance-Gelehrte Gebrechen oder sonstige Probleme grundsätzlich in Stufen von jeweils sechs oder sieben oder neun Jahren voraus. Dies entspricht exakt der damaligen Auffassung von den sogenannten klimakterischen Jahren: Im späten Mittelalter hatten die Menschen eine zyklische Auffassung vom Weltgeschehen wie vom persönlichen Schicksal; man glaubte, dass alles in Zyklen ablaufe, sich also in bestimmten Zeitabständen wiederhole. Auch die Medizin lehrte, dass in regelmäßigen Abständen „ein Wandel in der Eigenschaft und dem Zustand der Natur" stattfinde.

An wen nun konkret Nostradamus den Sechszeiler 53 gerichtet hat, wissen wir nicht. Aber mit sehr großer Sicherheit geht es auch hier nicht um eine Prophezeiung, die in die Zukunft gerichtet ist. Und schon gar nicht bis weit ins 20. Jahrhundert hinein, bis zu Adolf Hitler und dem Zweiten Weltkrieg.

Und vergessen wir auch nicht, dass Nostradamus unlängst schon einmal als Künder des nahenden Weltendes bemüht worden ist – und scheiterte. Im Vers 72 der X. Centurie heißt es:

Im Jahr neunzehnhundertneunzig und neun, im siebten Monat,
wird ein großer Schreckenskönig vom Himmel herabsteigen,
wird wieder auferstehen der große König von Angolmois,
Mars regiert vorher und nachher durch Glück.

Das sind Worte, die nach Katastrophe klingen. Aber auch 1999 verstrich folgenlos.

Weshalb 1999 die Stunde des Sehers nicht schlug, ist leicht zu erklären. Nostradamus reflektierte im berühmten Vers X,72 nur die Hoffnungen und Sehnsüchte des 16. Jahrhunderts: nämlich auf das Erscheinen eines großen, gerechten, friedliebenden Monarchen („König von Angolmois"), den er memorativ beim berühmten französischen Herrscherhaus Angouleme-Valois ansiedelte, welchem auch „sein" König Heinrich II. von Frankreich entstammte.

Hinter dem vorher am Himmel auftauchenden „Schreckenskönig" verbirgt sich wenig mehr als die totale Sonnenfinsternis vom 11. August 1999, die der astrophile Gelehrte mit den astronomischen Saros-Zyklen[39] berechnen konnte – und die seinerzeit als bedeutsames Vorzeichen umwälzender Ereignisse angesehen wurde. Nostradamus' kleiner Fehler („siebter Monat" statt achter) liegt darin begründet, dass er sich am zu seinen Lebzeiten aktuellen, aber inzwischen beendeten 109. Saros-Zyklus orientierte und diesen hochrechnete. Tatsächlich aber gehört die Sonnenfinsternis von 1999 zum 145. Saros-Zyklus, der erst 1639 begann.

Das Datum 1999, nahe am dritten Jahrtausend, steht rein symbolisch für eine Zeitenwende, die Nostradamus schon zu seinen Lebzeiten erhoffte, aber ganz im Stil seines poetischen Systems des Mehrdeutigen in eine unbestimmte Zukunft projizierte.

Oder aber … Müssen wir in unsere Betrachtung noch den Umstand einbeziehen, dass Bilder sprechen, wenn Worte fehlen?

Möglicherweise.

Rein zufällig machten die italienischen Journalisten Enza Massa und Roberto Pinotti 1994 einen sensationellen Fund in der römischen Nationalbibliothek: ein uraltes Buch mit dem Titel „Vaticinia Michaelis Nostredami de Futuri Christi Vicarii ad Cesarem Filium",[40] zu Deutsch etwa: „Prophezeiungen des Michel Nostradamus für seinen Sohn Cesar über die Zukunft des Stellvertreters Christi". Der brisante Inhalt: achtzig unbekannte Zeichnungen eben jenes Mannes, der bislang nur mit düsteren Prophezeiungen von sich reden machte: Nostradamus.

Seitdem forschten Nostradamus-Fans nach Zusammenhängen zwischen den neu aufgetauchten Wasserfarbenbildern und den bekannten Prophezeiungen ihres Meister-Propheten. Doch erst nach dem 11. September 2001 gelang der Durchbruch. Die Szenen vom Anschlag auf das World Trade Center erbrachten eine verblüffende Verbindung zu einem der Motive in der „Vaticinia Michaelis Nostredami ...": Das Gemälde zeigt einen brennenden Turm. Aber die Flammen sind nicht die eines gewöhnlichen Gebäudebrands. Lodernde Feuerzungen schießen aus den Fenstern. Wie bei einer Explosion.[41]

2007 nahm sich der internationale Kabelsender *History Channel* des Themas an. Die TV-Dokumentation „The Lost Book of Nostradamus"[42] verkettet die gebundene Sammlung von großformatigen Illustrationen ebenfalls mit den Terroranschlägen vom 11. September 2001 – und mit der katholischen Kirche. Denn auf den Darstellungen sind immer wieder Päpste zu sehen, meist werden sie angegriffen und bedrängt. „Die Visionen beziehen sich auf den Untergang des Papsttums", verlautbarte etwa der amerikanische Nostradamus-Forscher Vincent Bridges gegenüber den Fernsehleuten.

Bei der deutschen Erstausstrahlung wisperte es aus der PR-Schreibstube des *History Channel*: „Diese Dokumentation zeigt ein erst kürzlich veröffentlichtes Manuskript, welches kryptische Vorhersagen für die Zukunft enthält und aller Wahrscheinlichkeit nach von dem berühmten Hellseher Nostradamus persönlich stammt. Dieses geheimnisvolle Buch wurde 400 Jahre lang in Rom verborgen gehalten, ehe es Ende des 20. Jahrhunderts an die Öffentlichkeit gelangte. Es beinhaltet nicht nur bislang unbekannte Prophezeiungen von Nostradamus, sondern wirft auch ein neues Licht auf seine bereits bekannten Vorhersagen …"

Zum Beispiel das Jahr 2012 betreffend.

Nicht ohne Grund trägt die deutsche Fassung den Titel „Nostradamus 2012 – Das Ende der Welt?"[43] Und beginnt mit dramatischer Sonorität aus dem Off: „Der 21. Dezember 2012. Es gibt keinen Sonnenaufgang. Es bleibt dunkel […]. Ist 2012 das Jahr, in dem die kosmische Uhr endgültig abläuft? Bis auf null Tage, null Hoffnung?

Das Entziffern der letzten Vorhersagen von Nostradamus könnte die Antwort liefern […]. Im kürzlich entdeckten verschollenen Buch des Nostradamus finden sich Zeichnungen, die verborgene Hinweise darauf beinhalten könnten, was 2012 geschehen könnte. Genau wie Nostradamus' Vierzeiler sind die Zeichnungen ernste Warnungen. Und der Ruf des populären Propheten macht es schwer, sie zu ignorieren …"

Ähnlich äußert sich einer der beiden Entdecker des Buches, Roberto Pinotti – der nach eigenem Bekunden keine allzu großen Hoffnungen in wissenschaftliche Analysen setzt: „Tatsache ist, dass irgendjemand vor langer Zeit diese Bilder gemalt hat. Was mit den Visionen gemeint ist, werden wir wohl nie mit Bestimmtheit sagen können."[44]

Da irrt Signore Pinotti allerdings ganz gewaltig. Wir können mit Bestimmtheit sagen, dass die Zeichnungen im „Lost Book of Nostradamus" weder von Nostradamus' eigner Hand stammen noch etwas mit 2012 zu tun haben.

Wie spekulierte der vom *History Channel* zitierte Nostradamus-Forscher Vincent Bridges: „Die Visionen beziehen sich auf den Untergang des Papsttums." Stimmt. Aber ganz anders, als es den Nostradamikern in ihrer Auslegungsmanie dünkt.

Besuchen wir zum Beispiel die Oettingen-Wallerstein'sche Bibliothek[45] der Universität Augsburg, deren Buchbestand auf die private Sammlung der Fugger zurückgeht.

Neben anderen bibliophilen Kostbarkeiten stoßen wir hier auf den Druck „Ein wunderliche weissagung/von dem Bapstum/wie es yhm bis an das Ende der Welt gehen sol/ynn figuren odder gemelde begriffen …". Gezeichnet um 1527 von dem Theologen Andreas Osiander.[46] In diesem Büchlein finden sich die bis ins Detail identischen Motive wie in der „Vaticinia Michaelis Nostredami …", welche von 1629 datiert.

Überzeugt von der Theologie Martin Luthers und befreundet mit dem Maler Albrecht Dürer, setzte Osiander an seiner Wirkungsstätte Nürnberg die Reformation durch. Seine Zeichnungen sind mühelos in eine bekannte ikonographische Tradition einzuordnen und greifen in ihrer Kritik an Papst und Kirche auf die damals gebräuchliche Form der Prophezeiung zurück.[47]

Die Texte und Abbildungen in der reformatorischen Streitschrift des Nürnberger Predigers gelangten schon bald in die Hände des Buchdruckers Christian Egenolph,[48] der sie mit verschiedenen Prophezeiungen und weiteren Abbildungen zusammenband und vertrieb. Sie mögen irgendwann auch in Rom angekommen und dort mit der poetischen Handelsmarke „Nostradamus" versehen worden sein.

Übrigens: Als eine Gruppe lutherischer Gelehrter 1559 in Magdeburg den ersten Band einer Kirchengeschichte veröffentlichte, in der aus Sicht der Reformation die Verderbtheit des Papsttums über die Jahrhunderte beleuchtet werden sollte, gaben sie der Reihe den einprägsamen Titel: „Magdeburger Centurien".

Und so lockt der Seher von Salon bis heute die Geister in seinen Strudel.

Ob präkognitiver Hellseher oder dichtender Tiefblicker – wen kümmert das? Gebärden wir uns nur einen kleinen Deut prophetischer als der Prophet, dann ist und bleibt Nostradamus eine Kultfigur. Der okkulte Lotse durch die Desaster-Jahre bis 2016 schlechthin.

„Denken wir dabei einfach mal an die Honigbiene!“, gemahnt uns beispielsweise die mit hermetischem Wissen durchtränkte Webseite *fascinare.de* („Kartenlegen online, Lebensberatung, Hellsehen“). Im letzten Nostradamus-Quatrain X,99 sei schließlich die Rede vom „Ende des Wolfes, des Löwen, des Bullen und des Esels … Das süße Manna wird nicht weiter auf sie herabfallen.“

Was will uns Nostradamus damit sagen?

Nichts weniger als dieses: „Er beschreibt in dieser Centurie verschiedene Tiere und Pflanzen, die aussterben könnten. Verlieren wir sie, haben die Menschen ein ernsthaftes Problem. Denken wir dabei einfach mal an die Honigbiene. Die Befruchtung der Honigbiene umfasst ein Fünftel unserer Früchte, die wir ernten. Wenn die Honigbiene ausstirbt und wir keine Lösung haben, werden wir demnach weniger ernten. Oder sie verschwindet durch einen Virus.

Eine Zusammenkunft von Ereignissen, ein Artensterben, dessen Ausmaß erschreckend verlaufen könnte. Weltweite Probleme kommen somit auf uns zu. Lebensmittel werden nicht mehr erschwinglich sein und Nahrungsvorräte werden schwinden. Somit beginnt eine nicht aufzuhaltende Kette von Ereignissen …“[49]

Und tatsächlich: Im Sommer 2010 verließen in den USA Bienen zu Tausenden urplötzlich ihre Stöcke und besiegelten damit ihr eigenes Ende.[50] Auch hierzulande sorgt ein geheimnisvolles Bienensterben immer wieder für Schlagzeilen.[51] Beobachtet wird dieses Phänomen seit 2007.

„Wenn die Biene von der Erde verschwindet, dann hat der Mensch noch vier Jahre zu leben“, soll kein Geringerer als Albert Einstein gesagt haben.[52] Mithin weist auch Vers 99 der X. Centurie beunruhigend deutlich in die Nähe von 2012. Und ausgerechnet das Bienensterben in einer jahrhundertealten apokalyptischen Prognose zu fokussieren – das kann von nichts anderem zeugen als von wahrhaft visionärem Genius.

Und wieso findet sich in der „Vaticinia Michaelis Nostredami de Futuri Christi Vicarii ad Cesarem Filium" die höchst auffällige Zeichnung einer auf dem Kopf stehenden Sonne?[53] Ist es bloß Interpretationswahn, in dieser Darstellung die Erderwärmung als heiße, glühende Sonne couvriert zu sehen? Oder den drohenden Sonnen-Tsunami, den viele für 2012 befürchten?[54]

Ebenso wenig kann und wird auch die Strahlkraft der allwissenden Geistesmaschine Nostradamus verblassen. Deshalb kann es nur einen Schluss geben: Nostradamus sagt die ganze Wahrheit. „Vaticinia" und „Centurien" sind einfach zu verlockend.

Anmerkungen

[1] Zit. nach Jean-Claude Pfändler: Nostradamus. Die Urtexte. Lardeo-Verlag, Chieming 1997

[2] Zit. nach Judith Merkle-Riley: Die geheime Mission des Nostradamus. List-Verlag, München 1999

[3] „Weg mit euch, ihr Astrologen", *Der Spiegel* Nr. 53/1981

[4] Frank Ochmann: Der Schwarzseher, *Stern* Nr. 50/2003

[5] Eckhard Henscheid/Gerhard Henschel/Brigitte Kronauer: Kulturgeschichte der Missverständnisse. Philipp Reclam jun.-Verlag, Stuttgart 1997

[6] Nach Bernhard Bouvier: Nostradamus. Ewert-Verlag, Gran Canaria 1996

[7] Nostradamus' Visionen, *Spiegel-Online* am 12. Dezember 2003

[8] Bouvier, 1996

[9] Ray Nolan: Das Nostradamus-Testament. Langen-Müller-Verlag, München 1996

[10] Alexander Tollmann: Das Weltenjahr geht zur Neige. Böhlau-Verlag, Wien 1998

[11] Günther Klein: Nostradamus – Gaukler des Himmels. In: Hans-Christian Huf (Hrsg.): Sphinx. Geheimnisse der Geschichte. Gustav Lübbe-Verlag, Bergisch-Gladbach 1999

[12] Manfred Dimde: *Die Visionen des Nostradamus,* Ausgabe 1/2011. Herausgegeben von Martin Söffker, MAVI-Verlag, Hannover

[13] ebenda

[14] Manfred Dimde: *Nostradamus entschlüsselt,* Realis-Verlag, München 1999

[15] Nostradamus – Die letzten Prophezeiungen, *Gong* Nr. 30/2010

[16] Manfred Dimde: *Nostradamus entschlüsselt,* Realis-Verlag, München 1999

[17] Manfred Dimde: *Nostradamus entschlüsselt,* Realis-Verlag, München 1999/Manfred Dimde: Nostradamus. Die dritte Prophezeiung. Knaur-Verlag, München 2011

[18] Manfred Dimde: *Nostradamus entschlüsselt,* Realis-Verlag, München 1999

[19] Klein, 1999

[20] Scherz-Verlag, Bern 2003

[21] Elmar R. Gruber: Nostradamus. Sein Leben, sein Werk und die wahre Bedeutung seiner Prophezeiungen. Scherz-Verlag, Bern 2003

[22] ebenda

[23] Fotos z.B. bei http://www.vaucluse-visites-virtuelles.com/glvirtualbluepopouts/st-remy-de-provence-english.html
[24] Fotos z.B. bei http://www.web-provence.com/fr/alpilles.htm
[25] Gruber, 2003
[26] Georges Minois: Geschichte der Zukunft. Artemis & Winkler Verlag, Düsseldorf/Zürich 1998
[27] „Weg mit euch, ihr Astrologen", *Der Spiegel* Nr. 53/1981
[28] Zit. nach Frank Rainer Scheck: Nostradamus. dtv-Verlag, München 1999
[29] Pierre Brind' Amour: Les premières centuries où propheties (Edition Macé Bonhomme de 1555). Textes littéraires français. Librairie Droz, Genf 1996
[30] „Weg mit euch, ihr Astrologen!" *Der Spiegel* Nr. 53/1981
[31] Zu Deutsch: „Jux", „Verarsche"
[32] Kurt Allgeier: Die Prophezeiungen des Nostradamus. Heyne-Verlag, München 1999
[33] Zit. nach http://home.datacomm.ch/jean-claude.pfaendler/dateien/nostradamus/008zusaetze/290ps3158.html
[34] Zit. nach http://nostradamus-prophezeiungen.de/centurien/centurien-frame.html
[35] Zit. nach http://nostradamus-prophezeiungen.de/centurien/centurien-frame.html
[36] www.calendersign.com/de/ad-weltbild.php
[37] Zum Beispiel in seiner Widmung an Heinrich II. von Frankreich als Einschub zwischen der VII. und VIII. Centurie in der Gesamtausgabe
[38] Gruber, 2003
[39] Eine periodische Reihe von Sonnen- oder Mondfinsternissen. Jeder einzelne Saros-Zyklus besteht aus etwa 71 Finsternissen und ist etwa 1270 Jahre lang. Es existieren etwa 38 Saros-Zyklen zur gleichen Zeit.
[40] http://en.wikipedia.org/wiki/Vaticinia_Nostradami
[41] Die unheimliche Gabe der Propheten, *P.M.*-Magazin Nr. 6/2008
[42] http://www.history.com/videos/the-lost-book-of-nostradamus oder www.youtube.com/watch?v=AfOaStJ0zvA
[43] http://www.youtube.com/watch?v=4HlD_NGJGvY
[44] Das verschollene Buch von Nostradamus, *Mysteries*-Magazin 4/2009
[45] www.bibliothek.uni-augsburg.de/sondersammlungen/oettingen_wallerstein/

[46] http://www.kirchenlexikon.de/o/osiander_a.shtml

[47] Dr. Stephan Bachter: Nostradamus und der Mühlhiasl. Transformation und Wiederkehr von Prophezeiungen. In: *Augsburger Volkskundliche Nachrichten* Nr. 10

[48] http://de.wikipedia.org/wiki/Christian_Egenolff

[49] http://www.fascinare.de/nostradamus/

[50] http://www.welt.de/wissenschaft/umwelt/article8041600/Bienensterben-macht-US-Farmern-Angst.html

[51] http://www.bienenwelt.ch/bienensterben.htm

[52] http://www.umweltjournal.de/AFA_umweltnatur/12085.php

[53] http://www.vloggingtheapocalypse.com/viewPhoto.php?photo_id=394

[54] Vgl. Seite 172

Die Volksseher:
„Der Mühlhiasl hat's scho g'sagt."

Ein wenig „bsunderlich" sei er gewesen, der Müller Mathias von der Klostermühle Apoig in der Abgeschiedenheit des Niederbayerischen. Obwohl „kernhaften Glaubens und ernster Lebensauffassung",[1] war er geregelter Arbeit abhold, unstet und untüchtig, ein Herumstreicher in Feld und Flur, ein Träumer, ein Wanderer.

„Mühlhiasl" rief das Volk den eigenartigen, weltscheuen und gemütstiefen Sonderling, der eigentlich Mathias Lang geheißen haben soll. Eine undurchsichtig-gesichtige Figur, die allerlei Prophezeiungen über „künftige Bauten, Straßenanlagen, Kleiderpracht, Besuch der Wälder durch große Herren, Kriege, Theuerungen" machte, „wovon auf natürlichem Wege vieles zutraf".[2]

Um das Jahr 1750 im heutigen Landkreis Straubing geboren, ist der Mühlhiasl noch immer die meist gefragte Persönlichkeit der Region. Keine der historischen Gestalten Niederbayerns erfreut sich vergleichbarer Popularität wie der Mühlhiasl, von der ein Lied der Gruppe Haindling ebenso zeugt wie Theaterstücke, Gedichte, Radiofeatures. Und nicht zuletzt eine Mühlhiasl-Figur im Märchenwald am Großen Arbersee, die mit knarziger Stimme aus dem Sprechautomat vor der Apokalypse warnt: „Grüß Gott, liebe Wanderer … Hier lebte ich vor mehr als zwei Jahrhunderten als der bekannte Waldprophet Mühlhiasl. Meine Voraussagen wurden weltberühmt …"

Das stimmt.

Auch bei den aktuellen Vorverhandlungen des Jüngsten Gerichts anno 2012 wird der waldlerische Seher von der Apoiger Klostermüller in den Zeugenstand gerufen. Und völlig zu Recht. Denn es geht beim Mühlhiasl immer wieder um das „große Weltabräumen". Drei große Katastrophen sagte der Waldfex voraus. Nummer eins und zwei kann man mit dem Ersten und dem Zweiten Weltkrieg gleichsetzen.[3]

Ein konkretes Datum nannte der sagenumwobene Landmann zwar nicht – aber eine Reihe von Veränderungen, die dann sichtbar werden, zum Beispiel:

„... wenn im Vorwald draußen die eiserne Straß fertig ist."

Im Jahre 1914, also zu Beginn des Ersten Weltkriegs, wurde in der Nähe von Mühlhiasls Heimatort die Bahnstrecke von Deggendorf nach Kalteneck vollendet.

Oder:

„... wenn in Straubing die Donaubruck baut wird, sie wird aber nimmer fertig."

1939, beim Ausbruch des Zweiten Weltkriegs, war die neue Donau-Überquerung bis auf die Betondecke vollendet.

Und nun? „Der Mühlhiasl hat's scho g'sagt" ist bis heute ein geflügeltes Wort im Bayerischen Wald.[4] Aber was genau stand dem Hiobs-Bringer vor mehr als zwei Jahrhunderten vor seinem geistigen Auge?

Unter anderem dieses:

Das Feuer, das alles vernichtet, wird vom Himmel fallen.
Das große Sterben wird über das Land gehen.
Ein Himmelszeichen wird es geben ... Es wird aber nicht lange dauern, dann kommt das große Abräumen. Wenn man Sommer und Winter nicht mehr auseinanderkennt, dann ist's nimmer weit.[5]

Unschwer zu erkennen, dass dieses Orakel auf den Klimawandel und den herannahenden Himmelskörper Nibiru[6] gemünzt ist.

Auch der weitere Ablauf aus des Müllers Weissagungen liest sich schrecklich:

Es wird so schnell gehen, dass kein Mensch es glauben kann, aber es gibt viel Blut und Leichen …
Es wird so schnell gehen, dass einer, der beim Rennen zwei Laib Brot unterm Arm hat und einen davon verliert, sich nicht darum zu bücken braucht …
So viel Feuer und Eisen hat noch kein Mensch gesehen …
Alles wird dann durcheinander sein. Wer's übersteht, muss einen eisernen Kopf haben …
Zuletzt kommt der Bankabräumer …
Aber es wird nicht lange dauern.[7]

Mit dieser Schau der Götterdämmerung steht der Mühlhiasl keineswegs allein da. Auch der Brunnenbauer Alois Irlmaier aus der bayerischen Grenzstadt Freilassing war mit dem zweiten Gesicht begabt. Er prophezeite um 1950:[8]

Es werden nur noch die Kerzen brennen. Das Wasser wird giftig und auch die Speisen. Der Staubtod geht um. Die Finsternis dauert 72 Stunden. Es werden mehr Menschen sterben als in den zwei Weltkriegen. Das Meer bekommt große Löcher, und wenn das Wasser zurückkommt, reißt es die Inseln vor der Küste weg. Nach der Katastrophe wird es wärmer, und bei uns werden die Südfrüchte wachsen …

Ob Mühlhiasl oder Irlmaier, ob sie nun Sepp Wudy[9] heißen oder Matthias Stormberger,[10] als „Spielbähn" (Bernhard Rembold[11]) oder „Bauer aus dem Waldviertel"[12] unvergessen sind – die Prophetie sogenannter Volksseher weist ein derart exaktes Maß an Übereinstimmungen auf, dass es unmöglich ist, sie als hinterwäldlerische Phantasterei abzutun.

Dies umso mehr, da neueste wissenschaftliche Theorien solche Prophezeiungen in ungewohntem Licht erscheinen lassen. Denn durch Einsteins Relativitätstheorie, die Chaostheorie oder die holistische Interpretation der Quantenphysik hat die Naturwissenschaft einen gewaltigen Sprung nach vorne gemacht, sodass viele Wissenschaftler für zahlreiche, auch „unglaubliche" Phänomene zwischen Himmel und Erde Verständnis aufbringen.[13]

Sind Prophezeiungen möglicherweise eine Art „Erinnerung an die Zukunft"? Ein Ereignis, bei dem die Grenzen von Raum und Zeit sich auflösen und alles wechselseitig miteinander verbunden ist? „Die Gefangenschaft der Zeit und des Raumes kann für den Menschen schon hier auf Erden aufhören", waren die Spiritualisten Selvarajan Yesudian und Elisabeth Haich zeitlebens überzeugt.[14] Und in der Tat ziehen PSI-Experten heute Parallelen zur Quantentheorie, um die materielle Welt mit der Psyche in Verbindung zu bringen.

Mit ihr erklären Physiker das seltsame Verhalten von kleinsten Materieteilchen, den Quanten. Denkbar sei etwa eine Art quantenmechanischer Telepathie. Sie wurde von dem österreichischen Physiker Anton Zeilinger (geb. 1945) und seinen Mitarbeitern entdeckt. Ihnen gelang es, zwei Photonen – also Bausteine elektromagnetischer Strahlung, eine Art „Lichtteilchen" – so miteinander zu verbinden, dass ihr Zustand immer identisch ist. Wissenschaftler nennen das „Verschränkung".

Man hat diese beiden Teilchen mehr als 100 Kilometer voneinander entfernt deponiert: ein Photon auf La Palma, das andere auf Teneriffa, zwei Inseln mit astronomischen Beobachtungsstationen. Wurde nun an dem einen Teilchen eine Veränderung vorgenommen, vollzog das andere im gleichen Augenblick dieselbe Veränderung. Offenbar findet eine Art Informationsaustausch zwischen den Quanten statt.[15]

Also so ähnlich wie zwei Würfel, von denen der eine im selben Moment die Zahl anzeigt, die mit dem anderen gleichzeitig gewürfelt wird. Das widerspricht der klassischen Physik, der zufolge Informationen maximal mit Lichtgeschwindigkeit übertragen werden können. Diese Quanteninformationstheorie könnte eventuell auch unsere Gegenwart mit Fetzen des zukünftigen Geschehens verschränken.

Und das sieht nicht sehr rosig aus.

„Nur partielle Blindheit kann uns darüber hinwegtäuschen, dass wir schon mitten in der Erfüllung dieser Geschichte sind", mahnte der ausgewiesene Mühlhiasl-Kenner Johannes Wolfgang Bekh[16] unentwegt bis zu seinem Tod 2010. Und meinte mit „dieser Geschichte" eben die Schauungen der Volksseher: „Ihre Prophezeiungen, die das Schicksal des ganzen deutschen Sprach- und Kulturraums betreffen, sind verblüffend und genau bis in Einzelheiten …" Das dritte Weltgeschehen, wie die meisten Seher sagen, hat längst begonnen.

Dem ist kaum zu widersprechen, wenn wir die Galerie der eingeborenen Menetekel-Botschafter abschreiten:

Der Mühlhiasl:

> *Eine Zeit kommt, wo die Welt abgeräumt wird und die Menschen wieder wenig werden … Der Glaub'n wird so dünn, dass man ihn mit der Geißel abhauen kann … Den Herrgott werden sie von der Wand reißen und im Kasten einsperren … Geld wird gemacht, so viel, dass man's gar nimmer kennen kann … Wenn also das alles sich eingestellt hat, dann nunmehr, dann kommt's. Dann hat alles ein End, auch diese Welt.*

Der Stormberger:

> *Deutschland wird eine große Macht sein, dass sie noch nie so groß war. Und dann wieder so klein, dass sie noch nie so klein war … Der Mittelstand wird noch ganz ausgerottet … Das Kreuz wird von der Wand heruntergeholt … Dann geht's los wie das Donnerwetter in der Luft.*

Der Blinde Hirte von Prag:

> *Die Menschen werden einander nicht mehr mögen. Wenn einer sagt: „Ruck ein wenig", und der andere tut es nicht, ist es sein Tod … Eine Sonne wird stürzen und die Erde*

beben … Es dauert nicht länger, als man dazu braucht, Amen zu sagen.

Die Sibylle von Prag:

Vom Himmel fallen Pech und Schwefel … Große Städte gehen in Flammen auf … Gewalt wird der Erde angetan … Es wird überall Geschrei und ein Feuermeer sein … Alles versinkt in schwarzer Tiefe.

Alois Irlmaier:

Durch die Klimaänderung wird bei uns wieder Wein gebaut, und es werden Südfrüchte bei uns wachsen … Die Gesetze, die den Kindern den Tod bringen, werden ungültig nach der Abräumung … Die landlosen Leute ziehen jetzt dahin, wo die Wüste entstanden ist, und jeder kann sich siedeln, wo er mag, und Land haben, so viel er anbauen kann … Wer's erlebt, dem geht's der kann sich glücklich preisen.

Kein Zweifel, der gewaltsame Zusammenbruch unserer Zivilisation scheint unabdingbar. „Denn längst ist es breite Erkenntnis geworden", sagt der lokalhistorische Schriftsteller Manfred Böckel,[17] „dass es sich beim Mühlhiasl, bei Alois Irlmaier und anderen keineswegs um Scharlatane handelte".

Stimmt. Mühlhiasl und Co. können nie irren. Denn ihr Katastrophenschema passt zu jeder Krisenzeit.

Und nun, mit dem allgemein zunehmenden Gefühl der Bedrohung durch das bevorstehende „Schicksalsjahr" 2012, tritt der Mystizismus der „weltscheuen Sonderlinge" wieder einmal aus dem Herrgottswinkel heraus. Die archaischen Bilder bekommen Faszination, weil sie aktuell interpretierbar sind. Womit wir es im Kern tatsächlich zu tun haben, sind uralte Wandersagen, die als Warnung vor Teuerung, Klimaveränderung, vor lasterhaftem Treiben, Hochmut, Bruderzwist und Eitelkeit kolportiert werden.[18]

Einen „Mathias Lang“ alias „Mühlhiasl“ hat es in Wahrheit nie gegeben. Alle historischen Indizien sprechen dafür, dass der medial veranlagte Wundermann aus dem Waldgebirge eine Erfindung der Volksphantasie ist.[19] Ein Geistlicher namens Johann Evangelist Landstorfer fasste erst 1923 die mündlich kursierenden losen „Weissagungen“ zusammen und schrieb sie zugespitzt einer Kunstfigur auf den Leib – eben dem „Mühlhiasl“.

Wie sehr sich in den Formulierungen des „Mühlhiasl“ die Zeitläufe sowie die Ängste und Nöte von an der Tradition orientierten Zeitgenossen widerspiegeln, können wir anhand der offiziellen Physikatsberichte aus jener Zeit belegen. Dabei handelte es sich um Protokolle der beamteten Landgerichtsärzte in der Gegend von Apoig, in denen regelmäßig Lebensgewohnheiten, Arbeit, Brauchtum, Wohnung, Nahrung, Kleidung und Festlichkeiten in ihrem Bezirk festgehalten wurden. Denn damals gab es noch keine öffentliche Verwaltung im heutigen Sinne.

Zum Beispiel:

Landgericht Deggendorf 1860: „Selbstsucht oder Egoismus, Übervorteilungssucht des Nächsten, selbst Betrug, Ausgeburten des seit vielen Jahren grell hervortretenden Materialismus, hat sich auch in unsern Bezirk eingeschlichen, in dem früher Redlichkeit, Nächstenliebe, Sparsamkeitssinn, Friedfertigkeit etc. herrschten. Dazu tritt häufig der Verderben bringende Hang zu Luxus, Genusssucht, Modesucht und äußerer Glanz, während im Innern Armut, Unzufriedenheit und oft Jammer herrscht.“[20]

„Mühlhiasl“/Landstorfer 1923: „In der ersten Zeit werden die Leut allweil g'scheiter und allweil narrischer … Kein Mensch wird mehr nach seinem Stand leben … Überall wird übern Glauben predigt, kein Mensch kehrt sich mehr dran, d'Leut werd'n erst recht schlecht …

Die Hoffart wird die Menschen befallen. Sie werden Kleider in allen Farben tragen, und die Weiberleut werden daherkommen wie die Gäns und Spuren hinterlassen wie die Geißen ... Wenn man Männlein und Weiblein zuletzt nicht mehr auseinanderkennt ... Wenn Bauernleut d'Henndl und Gäns selber fressen ... Wenn alles drunter und drüber geht ... Nachher ist die Zeit da."

Landgericht Mitterfeld 1860: „Bei den seit einigen Jahrzehnten selbst in der Waldgegend unverhältnismäßig gestiegenen Holzpreisen geht freilich auch die Devastation der Privatwaldungen gleichen Schritt mit derselben. Auf diese Weise haben sich seit einem 10-jährigen Zeitraume die Wälder auffallend gelichtet."

„Mühlhiasl"/Landstorfer 1923: „Wenn der Hochwald ausschaut, wie'm Bettelmann sein Rock ... Nachher steht's nimmer lang an."

Landgericht Deggendorf 1860: „Seidenstoffe werden häufig vom weiblichen Geschlecht getragen, die der Mode gerne huldigen, z.B. in Deggendorf, wo die früher getragenen golddurchwebten so genannten hohen Passauer Hauben und die zierlichen Münchner Riegelhäubchen dem französischen Hut weichen mussten. Auch die nicht lobenswerten unästhetischen Krinolinen haben nicht bloß bei den Beamtenfrauen, sondern auch bei den Bürgerinnen und Bürgerstöchtern mit Vorliebe Eingang gefunden."

„Mühlhiasl"/Landstorfer 1923: „Wenn sich d'Bauersleut g'wanden wie die Städtischen, und die Städtischen wie d'Narren und d'Affen ... Wenn die farbigen Hüt' aufkommen ... Wenn d'Leut rote Schuh' haben ... Nachher ist's nimmer weit hin."

Anscheinend teilten die königlich-bayerischen Landgerichte des 19. Jahrhunderts die prophetische Gabe mit dem Mühlhiasl. Oder saßen die Richter und Ärzte nur an denselben Stammtischen wie die Bauern und Bürger?

Rankte Nostradamus im Spätmittelalter / in der beginnenden Neuzeit seine Prophezeiungen noch um schreckenerregende natürliche Vorzeichen wie Sonnen- und Mondfinsternisse oder andere Himmelserscheinungen, verknüpfte der „Mühlhiasl" den Weltuntergang mit dem sittlichen Verfall, dem Niedergang des Althergebrachten und mit dem beängstigenden technischen Fortschritt, der das Leben der Menschen radikal veränderte.

Aber was ist mit den berühmten Weltkriegs-Vorhersagen des Mühlhiasl? Es handelt sich dabei gar nicht um Vorher-, sondern um Nachhersagen.

„An dem Tag, an dem zum ersten Mal der eiserne Wolf auf dem eisernen Weg durch den Vorwald bellt, an dem Tag wird der große Krieg angehen", soll der Mühlhiasl orakelt haben. Und wahrhaftig: Im Jahre 1914, also zu Beginn des Ersten Weltkriegs, wurde in der Nähe von Mühlhiasls Heimatort die Bahnstrecke von Deggendorf nach Kalteneck eröffnet.

Allerdings: In Johann Evangelist Landstorfers Erstveröffentlichung der Mühlhiasl-Verse im *Straubinger Tageblatt* existiert diese Weissagung noch gar nicht. Sie ist erst später durch Quellenmanipulation hinzugewachsen, um die prophetische Gabe des „Mühlhiasl" zu legitimieren. Erstmals tauchte diese Botschaft 1948 als Mühlhiasl-Ausspruch in der Zeitung *Niederbayerische Nachrichten* auf.

Ebenso steht die Sache mit dem Zweiten Weltkrieg: „Wenn's in Straubing über die Donau die große Brücke bauen, so wird's fertig, aber nimmer ganz, dann geht's los", kolportieren die Mühlhiasl-Anhänger. 1939, beim Ausbruch des Zweiten Weltkriegs, war die neue Donau-Überquerung tatsächlich bis auf die Betondecke vollendet. Aber auch dieses Orakel findet sich erst um 1950 in dem einschlägigen Schrifttum.

Der überwiegende Teil der angeblichen Weissagungen ist indessen den Zeiterscheinungen zwischen 1860 und 1923 nachempfunden.

Auch die „Voraussagen" von Alois Irlmaier transportieren lediglich prophetische Überlieferungen. Auslöser mögen damalige kollektive Befürchtungen wie etwa die Diskussion um die Atomwaffen in den 1950er Jahren gewesen sein. Die Bilder jedoch, die der Brunnenbauer von Freilassing präsentierte, sind anpassungsfähig. Sie speisen sich aus uralten Quellen und werden stets aufs Neue aus der Vorratstruhe antiker Prophetie gefischt.

Unheilskündungen von Volkssehern sind also vergleichbar mit einem Phantasie-Aufsatz zum Thema „Der letzte Tag auf der Erde", den ein Deutschlehrer seine Schüler zuhause schreiben lässt. Ungläubig stellt der Lehrer beim Korrigieren fest, dass die zwanzig oder dreißig verschiedenen Aufsätze einander sehr ähnlich sind – und schließt aus den fast wortgleichen Übereinstimmungen auf eine geheimnisvolle, unerklärliche Verbindung zwischen den beschriebenen Bildern, Motiven, Facetten und Topoi.

Was der Mann nicht weiß: Erst vor Kurzem hat der Religionslehrer der Klasse die „Offenbarung des Johannes" besprochen. Kein Wunder also, dass in den Aufsätzen seiner Schüler immer wieder die Zahlen 3, 7, 666 oder 144 000 auftauchen. Zweitens hat der Deutschlehrer keine Ahnung, dass wenige Tage zuvor der Katastrophenfilm „Deep Impact" im Fernsehen lief, der den Einschlag eines riesigen Asteroiden in Nordamerika dramatisch in Szene setzt. Drittens ist dem Lehrer in seiner Naivität entgangen, dass Schüler die Hausaufgaben gerne zusammen machen, was man prosaisch auch „Abschreiben" nennen könnte.[21]

Zwei immer wiederkehrende literarische Motive von Endzeit-Prophezeiungen sind beispielsweise:

- die „dreitägige Finsternis". Sie ist „mit Abstand das am häufigsten und genauesten beschriebene Einzelereignis", wunderte sich der Autor Stephan Berndt,[22] als er 250 prophetische Textquellen aus verschiedenen Jahrhunderten miteinander verglich: „Das ist absolut einzigartig."

  Vielleicht auch nicht – wenn wir uns das Alter und die Bedeutung der Vorlage vergegenwärtigen. Die „dreitägige Finsternis" gehört schon im Alten Testament zu den zehn Plagen, welche über Ägypten verhängt wurden: „Und Mose streckte seine Hand aus gen Himmel; da entstand im ganzen Lande Ägypten eine dichte Finsternis drei Tage lang." (Mose 2,10).

- Das Unglück kommt „von Sonnenaufgang", also vom Osten. Auch das ist eine simple Analogie. Seit Jahrtausenden näherte sich die (militärische) Bedrohung Europas aus dem Osten: Hunnen, Awaren, Mongolen, Osmanen, Russen. An den Küsten dagegen dräut Unheil meist „übers Meer" heran.

Und weil auch die vorgeblichen „Forscher" und Analysten dieser warnenden Gleichnisse selbst von solchen kollektiven Ahnungen und sorgenvollen Seelenregungen umgetrieben werden, figurieren sie als zeitgeistige „Mühlhiasl"-Zweitpersönlichkeiten. So etwa bei einer Facebook-Diskussion zum Thema „Prophezeiungen",[23] wo eine Userin mit dem Pseudonym „Bunny" ihren Ängsten und Frustrationen freien Lauf ließ:

„Die kommenden Jahre bis 2012 werden für die meisten Erdbewohner sehr hart. Wer kein Vertrauen in die göttliche Quelle der Liebe hat, der wird durch die Schrecknisse der Katastrophen, Atomkriege und Kometeneinschläge schlicht wahnsinnig werden, wenn er die Zeit überhaupt überlebt. Wer hingegen die Jahre des Hungers, des Chaos, der Hitze und der Kälte übersteht, der kann sich auf eine schöne Welt danach freuen, die nicht mehr in dieser, aber in einer anderen Dimension der Erde stattfinden wird […].

Die Erde befindet sich in der dunkelsten Periode seit tausenden von Jahren. Die Menschenseelen werden systematisch abgetötet und durch wertlosen Tand wie Geld, Macht und Besitz ersetzt. Das befriedigt nicht, aber alle machen so weiter."

Diesen Wirrwarr von Schreckensbildern hätten weder der „Mühlhiasl" noch Irlmaier oder ein anderer Mystery-Man der Orakel-Historie besser ausmalen können. Eine gewisse „Mouniera" nahm im selben Board den Schicksalsfaden auf:

„Des Menschen Verhängnis ist der Mensch! Leider ist das Ganze in eine falsche Richtung gelaufen. Hunger, Krieg, Armut und alles, was sonst so auf Seite eins steht oder publiziert wird, ist das, was die Welt hauptsächlich regiert und meistens gewollt ist [...]. Es ist unser aller Planet, auf dem wir leben, doch legen wir die Verantwortung über unser aller Leben in die Hände derer, die vor Habgier und Macht blind geworden sind ..."

Haben wir es also lediglich mit diesseitigen Düsterlingen zu tun anstatt mit außersinnlichen Weissagern? Mit der öden Nabelschau janusköpfiger Weltflüchtiger, die durch geschichtliche Rückschau eine Pseudo-Vorschau auf die Zukunft halten? Es sieht fast danach aus.

Aber die Quanteninformationstheorie? Die Verschränkung von gestern, heute und morgen? Nur ein Missverständnis. Es ist schon richtig: Quanteneffekte sind seltsam. Aber nicht jeder seltsame Effekt lässt sich mit der Quantenphysik erklären.

Erstens ist Teilchenverschränkung noch keine Informationsübertragung. Und zweitens gelingt es selbst in gezielten wissenschaftlichen Experimenten nur unter Aufbietung aller Tricks der Experimentalphysik, die Verschränkung zweier Photonen auch nur für Sekundenbruchteile aufrecht zu erhalten. Danach sind die Teilchen schon wieder entschränkt.

Hinzu kommt: Je größer die Teilchen, umso komplizierter

ist die Verschränkung beziehungsweise wird es immer schwieriger, den Verschränkungszustand aufrechtzuerhalten. Größere Teilchen gehen ständig Wechselwirkungen ein. Dass sie gerade in Gehirnen verschränkt bleiben und dabei noch irgendetwas Sinnvolles bewirken können, wie etwa prophetische Wahrnehmungen, schließt sich schon gegenseitig aus.[24]

Bloß „weil man annehmen muss, dass es im Universum Materiezustände gibt, die nicht den irdisch begrenzten Gesetzmäßigkeiten unterliegen“ (wie der Grenzwissenschaftler Armin Risi phantasiert),[25] heißt das noch lange nicht, dass „dort der Raum und die Zeit von ganz anderer Qualität sind als der Raum und die Zeit auf der Erde“. Das sind sie eben keineswegs. Denn die physikalischen Gesetze gelten für das gesamte Weltall. Es ist unmöglich, dass andere Teile des Weltalls aus anderen Arten von Materie mit völlig anderen Eigenschaften bestehen.

Warum die Quantenphysik bei Grenzwissenschaftlern und Esoterik-Fans als eine Art mystische Geheimlehre gilt, liegt kurz gesagt daran, dass wir zwei Aspekte der Quantenphysik unterscheiden müssen: Geräte wie zum Beispiel ein Computer oder ein Laser funktionieren aufgrund von quantenphysikalischen Effekten. Ja sogar unser Sehen und unser Atmen, das Wirken von Medikamenten und vieles mehr beruht auf atomaren Vorgängen, die nur mit Hilfe der Quantenphysik beschrieben werden können. Insofern ist unser ganzes Leben von der Quantenphysik beeinflusst. Das ist gewissermaßen die „normale“ Quantenphysik, die beschreibt, wie die Atome miteinander umgehen.

Parapsychologen und Psi-Enthusiasten meinen aber etwas ganz anderes. Sie beziehen sich in ihren Erklärungsversuchen für übersinnliche Phänomene wie Prophezeiungen und Schauungen auf eine „verrückte“ Quantenphysik. Und tatsächlich ist es richtig, dass die Quantenphysik Effekte zeigt, die unserer menschlichen Erfahrung völlig widersprechen und uns deshalb als verrückt oder absurd erscheinen.

Würde beispielsweise der sogenannte Welle-Teilchen-Dualismus der Quantenphysik in unserer Alltagsumgebung zum Tragen kommen, könnten wir etwas sehr Seltsames beobachten: Ein Skiläufer fährt bergab auf einen Baum zu, teilt sich vor dem Baum in zwei Hälften, fährt links und rechts um das Hindernis herum, setzt sich anschließend wieder zusammen und verschwindet ins Tal. Das würden wir als unmöglich empfinden, weil wir so etwas nie gesehen haben.

Aber Quanten verhalten sich mitunter so: Erst sind sie ein Körper (also ein Teilchen), dann verwandeln sie sich in eine Welle, die um ein Hindernis herumläuft, und werden danach wieder zu einem Körper. Nur: Es ist prinzipiell nicht möglich, quantenphysikalische Vorgänge, die ja nur in den allerkleinsten Elementarteilchen wirksam werden, auf unsere normale Alltagswelt zu übertragen, also etwa auf Körper und Gehirne.[26] Ein Mensch ist kein quantenmechanisches Teilchen, sondern eine Ansammlung davon – und die verhält sich ganz anders.

Als Albert Einstein seinen berühmten Ausspruch von der „spukhaften Fernwirkung" einer Quantenverschränkung tat, meinte er damit nur: zwischen Elementarteilchen. Nicht zwischen Gehirnen. Und „spukhaft" ist das Ganze nur aus physikalischer Sicht. Mit der volkstümlichen Bedeutung von „Spuk" beziehungsweise übersinnlichen Phänomenen hat das nichts zu tun.[27]

Trotz der Bedeutung und Erfolge der Quantenmechanik ist nach wie vor die klassische Physik – von Esoterikern und Grenzwissenschaftlern gerne als reduktionistisch und materialistisch verschrien – das richtige Werkzeug, um Vorgänge aus dem Bereich des alltäglichen Lebens, der Biologie oder der Medizin zu beschreiben.[28] Denn die Gegenstände unserer Welt verhalten sich nicht nach den eigenartigen Gesetzen der Quantenphysik, sondern klassisch. Die Welt ist nicht holistisch, sie ist keine Ganzheit, sondern sie besteht aus Objekten, die sich wie Inseln verhalten – sie sind im Wesentlichen voneinander isoliert. Der in der Esoterik beliebte Satz „Alles ist in allem" trifft auf Prophetie und Weissagungen definitiv nicht zu.[29]

Andere Möglichkeit: Oszilliert nicht eventuell ein morphogenetisches Feld in unseren Breiten, welches ein mitteleuropäisches „Bermudadreieck des Paranormalen" begründet?

Die Ballung prophetischer Fähigkeiten auf einem engen geografischen Raum[30] begründen verschiedene literarische Ausformer mit der Theorie über eine Art gemeinschaftliches Gedächtnis der Natur, in dem sämtliche Informationen, jegliche Erfahrungen, Gedanken, Gefühle und alles Wissen der Menschen gespeichert sind[31] – und angezapft werden können.

Schöne Idee. Und reine Spekulation. Nicht nur, dass es keinerlei wissenschaftlichen Beleg für morphogenetische Felder gibt.[32] Stutzig macht auch zum Beispiel die simple Alltagserfahrung, wonach etwa Lateinschüler heute keineswegs schneller und leichter lernen. Obwohl doch Generationen von Schülern schon vor ihnen Latein gelernt haben und deren Erkenntnisse sich ebenfalls in jenem Sammelbecken befinden und sich über „morphische Resonanz" verbreiten müssten.

Anscheinend sind die „Gesichte" von Sehern letztendlich keine naturgegebene Prophetengaben, sondern vagabundierende menschliche Elementarerfahrungen, die sich aus einer gemeinsamen Kultur und Überlieferung speisen.

Den Realitäts-Check hat jedenfalls noch keiner bestanden. Auch nicht Emanuel Swedenborg, der wie Nostradamus, Mühlhiasl und Irlmaier als unangefochtene visionäre Autorität gilt. Zu Recht?

Swedenborg war ein angesehener Universalgelehrter und Erfinder, der Bedeutendes auf dem Gebiet der Medizin, der Physik und der Mineralogie leistete. 1745 beendete er seine akademische Karriere und machte fortan als sonderbarer „Geisterseher" und Endzeitphilosoph von sich reden. Zwei Visionen trugen Swedenborg unsterblichen Ruhm ein.

1756 hielt er sich in Göteborg auf, im Haus eines Bekannten. Plötzlich, gegen sechs Uhr abends, stürzte er aus dem Zimmer. Kurze Zeit später kam er aschfahl und am ganzen Körper zitternd zurück. Er berichtete von einem furchtbaren Brand, der gerade eben in der 400 Kilometer entfernten Hauptstadt Stockholm ausgebrochen sei. „Jetzt brennt das Haus meines Freundes", sagte er. Und nach einer Pause: „Und jetzt liegt das Haus in Schutt und Asche. Ich sehe alles ganz genau." Und wieder etwas später: „Der Brand greift auf mein Haus über ... Er ist nur noch drei Häuser entfernt." Um acht Uhr abends atmete Swedenborg auf: „Der Brand ist gelöscht, mein Haus ist unversehrt geblieben."

Erst 24 Stunden später trafen in Göteborg Berichte über eine Brandkatastrophe in Stockholm ein, die Swedenborgs Vision in allen Einzelheiten bestätigten. Kein Geringerer als der berühmte Philosoph Immanuel Kant hat diese Geschichte überliefert, und zwar in seinem Buch „Träume eines Geistersehers". Allerdings erst sechs Jahre nach dem Ereignis, und nur aus dritter Hand, nämlich aufgrund der Erzählung eines Freundes, der ebenfalls selbst nicht an jenem Abend dabei gewesen war.

Kant wirft in seinem Swedenborg-Text die Frage auf, wie man sich als aufgeklärter Mensch „Geistersehern" gegenüber verhalten soll: ignorierend oder widerlegend? Für heutige Kritiker ist die Antwort auf diese Frage klar: Sie halten Swedenborgs Fernwahrnehmung für eine nachträglich konstruierte Legende.

Auch von Swedenborgs zweiter berühmter Vision wissen wir nur durch Kant: Die Witwe eines holländischen Gesandten in Stockholm erhielt von einem Goldschmied eine Rechnung über 25 000 Gulden. Sie war überzeugt, dass ihr verstorbener Mann die Summe bereits beglichen habe, fand aber keine Quittung darüber und bat Swedenborg, mit ihrem Gatten im Jenseits Kontakt aufzunehmen. Einige Tage wies Swedenborg die Frau an, in einem Geheimfach im Schrank nachzusehen. Tatsächlich fand sie dort ein entsprechendes Schriftstück.

Ganz anders freilich schildert der zweite Ehemann der Witwe jenen Vorgang: „Meine Frau suchte tagelang nach diesem Papier. Eines Nachts träumte sie, wo es sich befand. Sie stand auf, ging an den Schrank, öffnete das Geheimfach und fand dort, was sie gesucht hatte. Erst am nächsten Tag kam Swedenborg und verkündete, dass das Papier dort sei, wo meine Frau es bereits gefunden hatte."

Wahrscheinlich hatte sich die Frau unbewusst daran erinnert, wo ihr verstorbener Gemahl wichtige Dokumente aufzubewahren pflegte. Im Traum überkam sie diese Erkenntnis wie eine plötzliche Erleuchtung. Swedenborg hatte am nächsten Tag die verschiedensten Möglichkeiten zu erfahren, wo die Quittung gefunden worden war. So sind zum Beispiel trinkgelddurstige Dienstboten immer gute „Medien" für Hellseher gewesen.

Aus heutiger Sicht litt Swedenborg wohl an einer psychischen Krankheit aus dem Formenkreis der Schizophrenie, die zusammen mit seinem unbestreitbaren Genie äußerst kreative, aber eben wahnhafte Einblicke in die angeblich jenseitige Welt hervorbrachte.[33]

Was also bleibt, um zum Anfang zurückzukommen, vom charismatisch-prophetischen Mühlhiasl?

Nicht mehr als eine Sagengestalt? Bestenfalls ein unbequemer Mahner, wie es der bayerische Pfarrer Anton Ederer in seinen Versen[34] über den Waldpropheten zum Ausdruck brachte? „An die Heimat tief gebunden, sah er wohl der Endzeit Zeichen. Zukunft ist von Leid umwunden, Unheil kann kein Mensch entweichen. Doch sein Letztes ist der Friede, geben Menschen Gott die Ehre. Welten leuchten in der Blüte, nicht vergesset Hiasels Lehre!"

Mühlhiasls Lehre vergessen – das wollen wir keinesfalls. Schließlich gehört auch sein Verfallskonzept unabdingbar in unser 2012-Vademekum. Und vielleicht blicken wir ja auch einfach bloß nicht weit genug. Und übersehen den Reichtum und die Tiefe der Volksseher-Schriften, deren Signalcharakter es genauer auszuloten gilt.

In einem Online-Esoterikforum[35] gelingt das zum Beispiel einem Teilnehmer mit dem Kürzel „Teigabid", der auf folgende Mühlhiasl-Wahrheiten fokussiert:

> *Sie werden krank, und kein Mensch kann ihnen helfen. Im ganzen Wald wird kein Licht mehr brennen, und das wird eine lange Zeit dauern. Die wieder von vorne anfangen, werden eine Kirche bauen und Gott loben. Wenn man herüber der Donau noch eine Kuh findet, der soll man eine goldene Glocke umhängen. Es wird erst vorbei sein, wenn kein Totenvogel mehr fliegt. Die es überstanden haben, werden sich grüßen: Bruder, lebst du auch noch?*

Sogleich zeigt der Deuter „Teigabid" ein beeindruckendes natürliches Verständnis dafür, was der Mühlhiasl mit der Verwendung bestimmter Worte gemeint hat: „Das entspricht in der Reihenfolge Kuh – Bruder – Totenvogel der Symbolik von Stier – Zwillinge – Krebs, was so viel wie die Zeit des Sommers bedeutet, wo die Sonne am höchsten steht."

Und das wiederum ist erneut ein unverkennbarer Fingerzeig auf den Sonnen-Tsunami 2012, den schon Nostradamus vorausgesehen hat.

Auch der Mühlhiasl hat's gesagt.

Anmerkungen

1 Conrad Adlmaier: Blick in die Zukunft. Die Gesichte des Mühlhiasl und die Voraussagen des Alois Irlmeier von Freilassing. Chiemgau-Druck, Traunstein 1950 Volltext online unter www.archive.org/details/AdlmaierConrad-DerBlickInDieZukunft
2 ebenda
3 Manfred Böckl: Propheten, Seher und Auguren. Goldmann-Verlag, München 1998
4 Der Mühlhiasl hat's g'sagt, *Die Zeit* Nr. 10/2000
5 Zit. nach http://scullyvanfunkel.de/die-prophezeiungen-des-muhlhiasl/
6 Vgl. Seite 104ff.
7 Zit. nach Alexander Tollmann: Das Weltenjahr geht zur Neige. Böhlau-Verlag, Wien 1998
8 Manfred Böckl: Alois Irlmaier. Blick in die Zukunft. Südost-Verlag, Waldkirchen 1998
9 http://de.wikipedia.org/wiki/Sepp_Wudy
10 http://perdurabo10.tripod.com/warehousee/id14.html
11 http://sphinx-suche.de/weissagungen/spielbaehn.htm
12 http://www.j-lorber.de/proph/seher/waldviertler.htm
13 Zit. nach Bärbel Ludwig: Prophezeiungen für das 21. Jahrhundert. Verlag Peter Erd, München 1998
14 Yesudian/Haich: Yoga und Schicksal. Drei-Eichen-Verlag, München 1972
15 Ingo Kugenbuch: Warum sich der Löffel biegt und die Madonna weint. Humboldt-Verlag, Hannover 2008
16 Wolfgang Johannes Bekh: Das dritte Weltgeschehen. Ludwig-Verlag, München 1999
17 Manfred Böckl: Propheten, Seher und Auguren. Goldmann-Verlag, München 1998
18 Zit. nach: „Der Erdball wird durchs All schlingern", *Der Spiegel* Nr. 46/1986
19 Reinhard Haller: Mühlhiasl. Vom Leben und Sterben des „Waldpropheten". Morsak-Verlag, Grafenau 1993
20 Zit. nach Haller, 1993
21 Zit. nach Karl Leopold von Lichtenfels: Lexikon der Prophezeiungen. Anaconda-Verlag, Köln 2011
22 Stephan Berndt: Prophezeiungen zur Zukunft Europas. Reichel-Verlag, Weilersbach 1998
23 http://gl-es.facebook.com/topic.php?uid=61121356077&topic=11951

[24] http://kamenin.wordpress.com/2008/04/28/einfuhrung-in-quantenphysik-verschrankung-und-die-lugen-der-esoterik/

[25] Zit. nach Ludwig, 1998

[26] Bernd Harder: Warum die Uhr stehenblieb, als Opa starb. Knaur-Verlag, München 2010

[27] http://kamenin.wordpress.com/2008/04/28/einfuhrung-in-quantenphysik-verschrankung-und-die-lugen-der-esoterik/

[28] Dr. Philippe Leick: Die „schwache Quantentheorie" und die Homöopathie, *Skeptiker* 3/2006

[29] Martin Lambeck: Irrt die Physik? Beck'sche Reihe, München 2006

[30] Manfred Böckl: Propheten, Seher und Auguren. Goldmann-Verlag, München 1998

[31] Ludwig, 1998

[32] www.gwup.org/component/content/article/56-parawissenschaften/911-morphische-felder

[33] Hansjörg Hemminger: Seher, Schwärmer, Bibeldeuter. GTB-Taschenbuch, Gütersloh 2001

[34] Johannes Wolfgang Bekh: Mühlhiasl. Der Seher des Bayerischen Waldes. Ludwig-Verlag, München 1999

[35] www.esoterikforum.at/forum/showthread.php?t=84208&page=3

Die Bibeldeuter:

Apokalyptisches Drama

Die Apokalypse hat bereits begonnen. In der Silvesternacht 2010/2011.

Für die Bewohner der Stadt Beebe im US-Bundesstaat Arkansas war der Jahreswechsel ein Schock – als kurz vor Mitternacht schlagartig ein Regen von 5000 toten Vögeln auf sie herniederging. Die Kadaver der Tiere säumten eine Strecke von mehr als zwei Kilometern. Überall lagen sie herum, auf den Straßen, in Gärten, auf Hausdächern.

Nur kurze Zeit später fanden sich 500 verendete Singvögel auf dem Asphalt in Louisiana, nahe der Ortschaft Pointe Coupee. Die Todesursache sei unklar, hieß es. In Alabama wurden 300 tote Stärlinge entlang der Interstate 65 gefunden.[1]

Anfang Januar setzte sich das mysteriöse Vogelsterben dann in Europa fort: In der schwedischen Kleinstadt Falköping mussten 100 Vogelkadaver von der Straße aufgelesen werden.[2] In Rumänien alarmierten Einwohner der Schwarzmeerstadt Constanta die Behörden, nachdem sie Dutzende toter Stare entdeckt hatten. Im norditalienischen Faenza erfasste der Massenexitus 700 Tauben.

„Tausende Vögel fallen vom Himmel … Das wirkt wie ein apokalyptisches Zeichen", war denn auch sogleich im Online-Bereich einer großen deutschen Zeitung zu lesen[3]. Und noch Tage danach verpackten Kommentatoren[4] ihre Weltuntergangsstimmung in Bibel-Interpretationen. Die scheinfragende Überzeugung „Beginnt nicht so die Offenbarung des Johannes?" erlangte schnell die Deutungshoheit: „All das wurde schon in der Bibel vorausgesagt. Die Zeichen mehren sich, gegen Ende der Tage werden Katastrophen über uns hereinbrechen, und am Endpunkt steht die Auslöschung allen Fleisches."

Den Mit-Diskutanten blieb nur, sich noch einmal zu vergewissern: „Können wir davon ausgehen, dass das die sicheren Zeichen der für 2012 angesagten Apokalypse sind?"

Wir können.

Denn es ist ja nicht bloß das rätselhafte Tiersterben.

„Als Jesus Christus gefragt wurde, was das Zeichen Seiner Rückkehr sein würde, hat Er ein Bild von einer Welt gezeichnet, die von Konflikten und Kriegen zerrissen ist, eine Welt, die von starken Erdbeben durchgeschüttelt und von Seuchen verwüstet wird, und eine Welt, in der es inmitten der Fülle Hungersnöte gibt", lesen wir zum Beispiel auf der Webseite *Endzeitzeichen*.[5] Mithin scheint kaum ein Zweifel möglich: Jesus zeichnete die Welt von heute.

Das wird auch aus dem „Jahresrückblick 2010" deutlich, den uns die Betreiber von *Endzeitzeichen* („Ihre prophetische Quelle für die Endzeit und die Entrückung") geben:[6]

„Das bedeutendste Ereignis des Jahres ist die Anzahl der Naturkatastrophen.

Das Jahr 2010 war das tödlichste Jahr seit mehr als einer Generation. Erdbeben, Hitzewellen, Fluten, Vulkanausbrüche, Taifune, Schneestürme, Erdrutsche und Dürren ... Die meisten Todesfälle wurden durch das Erdbeben im Januar verursacht, das Haiti getroffen hat. Weil die meisten Erdbeben einem zufälligen Muster folgen, sind ihre Auswirkungen auf bevölkerte Gebiete reduziert. Das Haiti-Beben hatte die Kennzeichen eines Gerichts, weil es wiederholt ins Schwarze getroffen hat. Es geschah in der richtigen Tiefe, Entfernung und Stärke.

Als das Erdbeben in Chile mit einer Stärke gefolgt ist, die wir seit einem Jahrzehnt nicht mehr erlebt haben, konnte ich mir nur die Frage stellen, ob ein neuer Level göttlichen Zorns losgelassen wurde [...].

Jesus hat diese Zeichen mit einem menschlichen Ereignis verglichen. Er hat gesagt, dass sie der Anfang von Geburtswehen sind. Es sind die Endzeitzeichen, von denen uns die

Bibel sagt, dass wir darauf achten sollen, und die uns anzeigen, dass Jesus Christus zurückkommt. Wenn wir also sehen, dass diese Dinge passieren und an Häufigkeit zunehmen, dann bedeutet das, dass Sein Kommen nahe ist […].“

Zugleich bieten diese apokalyptischen Metaphern uns aber die Chance, Gottes Kalender mit dem der Menschen in Einklang zu bringen. Wie? Lesen wir weiter bei *Endzeitzeichen*:

„Das zweitwichtigste Ereignis im Jahr 2010 ist die weltweite Schuldenkrise. Auch wenn in den nächsten Monaten vielleicht Ruhe einkehrt, so wird es ganz gewiss weitere Krisen geben, vielleicht schon sehr bald […]. Es ist sehr gut möglich, dass die Mitglieder der Eurozone auf einen viel kleineren Kern von Mitgliedern von finanziell stabilen Ländern schrumpfen. […]

Die Bibel erwähnt deutlich, dass eine Koalition von 10 Nationen während einer kurzen Zeit in der Endzeit zusammenkommen wird, unmittelbar bevor der Antichrist die Weltbühne betreten wird. Könnte die EU oder die Eurozone auf 10 Nationen schrumpfen? Keine große Verschiebung oder Veränderung in Europa sollte ignoriert werden […].“[7]

Keinesfalls. Und deshalb müssen wir das Buch der Bücher genauer durchforsten als jemals zuvor. Dann ist es gar nicht mehr schwierig, ein stimmiges Szenario für die letzten Tage der Menschheit zusammenzustellen. Die Ausleger von *Endzeitzeichen* machen es vor:

„Angela Merkel, die Bundeskanzlerin von Deutschland, hat die christliche Identität dieser Nation wieder bestätigt. Sie hat kürzlich gesagt: *Wer auch immer hier leben will, muss Deutsch lernen ... (und) unseren Gesetzen gehorchen, und wer das nicht will, muss Sanktionen erwarten.* Sie hat geschlossen, indem sie gesagt hat: *Es ist nicht so, dass wir zu viel Islam hätten, sondern vielmehr, dass wir zu wenig Christentum haben. Wir sprechen zu wenig von unserem jüdisch-christlichen Erbe.*

Solche Kommentare sind mehr als nur interessant, wenn wir die momentane Zeit betrachten und die Geschwindigkeit, mit der sich die geopolitische Landschaft der Welt verändert. Warum? Die Bibel weist darauf hin, dass die politischen Strukturen der Welt in der Endzeit die Wahrzeichen von ‚großer Religiosität' umarmen werden.

Wir lesen zum Beispiel die Warnung des Apostels Paulus über die letzten Tage: *Das aber sollst du wissen, dass in den letzten Tagen schlimme Zeiten eintreten werden. Denn die Menschen werden sich selbst lieben, geldgierig sein, prahlerisch, überheblich, Lästerer, den Eltern ungehorsam, undankbar, unheilig, lieblos, unversöhnlich, verleumderisch, unbeherrscht, gewalttätig, dem Guten feind, Verräter, leichtsinnig, aufgeblasen; sie lieben das Vergnügen mehr als Gott; dabei haben sie den äußeren Schein von Gottesfurcht, deren Kraft aber verleugnen sie. Von solchen wende dich ab! (2. Timotheus 3,1–5).*

In der Tat spielen sich solche Umstände in großem Maße auf der ganzen Welt ab. In Offenbarung 17 wird ein abtrünniges religiöses System in Form einer Frau dargestellt, die auf dem Rücken eines scharlachroten Tieres sitzt. Sie reitet bequem auf dem souveränen Machtsystem dieser zukünftigen Welt.

Möglicherweise ist es dieser *äußere Schein der Gottesfurcht*, der den Apostel Johannes so überrascht hat, als er die Vision der Frau auf dem Tier sah. Er hat gesagt: *Und ich verwunderte mich sehr, als ich sie sah.* (Offenbarung 17,6). Was sonst hätte Johannes verwundern können, nachdem er die grausigen Visionen gesehen hat, die in den Kapiteln 4 bis 16 dargelegt werden? […]

So viele weltliche Trends, die wir heute auf der ganzen Welt beobachten können, stimmen mit den Ereignissen der Bibelprophetien überein […]. Ist das Ende nun nahe? Ich weiß es nicht mit Gewissheit, aber es gibt deutliche Zeichen der Zeit.[8] Ich weiß, dass wir den einzigartigen Zeitpunkt erreicht haben, für den wir aufgefordert werden, bereit zu sein."

Auch viele andere wissen das.

Denn nicht nur die Zeichen der Zeit weisen auf den finalen Gerichtstermin am 21.12.2012 hin – sondern auch die Heilige Schrift. Genauer gesagt: eine augenfällige Zahlenhäufung in der Offenbarung des Johannes („eine Zusammenfassung aller endzeitlichen Lehren der ganzen Bibel“[9]).

Gehen wir zum Kapitel 21 des letzten Bibelbuches. Von Vers 12 bis einschließlich Vers 21 finden wir sage und schreibe sieben Mal die Zahl 12, wenn es um das neue Jerusalem geht, die heilige Stadt:

> *Und sie hatte eine große und hohe Mauer und hatte zwölf Tore und auf den Toren zwölf Engel, und Namen darauf geschrieben, nämlich der zwölf Geschlechter der Kinder Israel. Vom Morgen drei Tore, von Mitternacht drei Tore, vom Mittag drei Tore, vom Abend drei Tore. Und die Mauer der Stadt hatte zwölf Grundsteine und auf ihnen Namen der zwölf Apostel des Lammes […].*
>
> *Und die Grundsteine der Mauer um die Stadt waren geschmückt mit allerlei Edelgestein. Der erste Grund war ein Jaspis, der andere ein Saphir, der dritte ein Chalzedonier, der vierte ein Smaragd, der fünfte ein Sardonix, der sechste ein Sarder, der siebente ein Chrysolith, der achte ein Berill, der neunte ein Topas, der zehnte ein Chrysopras, der elfte ein Hyazinth, der zwölfte ein Amethyst. Und die zwölf Tore waren zwölf Perlen, und ein jeglich Tor war von einer Perle; und die Gassen der Stadt waren lauteres Gold wie ein durchscheinend Glas.*[10]

Deutlicher könnten die Hinweise kaum ausfallen: Kapitel 21, Vers 12 – und eine überaus einprägsame Verwendung der Zahl 12 im weiteren Verlauf. Daraus folgt unverkennbar das Datum 21.12.2012 als codierte Zeitangabe für die Wiederkunft Christi.[11]

Völlige Gewissheit über das gemeinte Jahr erlangen wir, wenn wir noch Vers 15 bis 17 (Offb. 21) beiziehen:

Und der mit mir redete, hatte ein goldenes Rohr, dass er die Stadt messen sollte und ihre Tore und Mauer. Und die Stadt liegt viereckig, und ihre Länge ist so groß als die Breite. Und er maß die Stadt mit dem Rohr auf zwölftausend Feld Wegs. Die Länge und die Breite und die Höhe der Stadt sind gleich. Und er maß ihre Mauer, hundertvierundvierzig Ellen, nach Menschenmaß, das der Engel hat.

Was bedeutet das? Offenkundig symbolisieren diese Angaben einen Würfel. Ein Würfel hat sechs Seiten, und das ist der Dreh- und Angelpunkt dieser einfachen Rechenaufgabe: 12 000 geteilt durch 6 ergibt 2000. Und 144 geteilt durch 12 (die Schlüsselzahl des Kapitels) ist gleich 12. Addiert man die beiden Zahlen (2000 plus 12), kommen wir auf exakt 2012.[12] Muss man noch mehr sagen?

Eigentlich nicht. Allenfalls ein paar Variationen der auf das Jahr 2012 zielenden Beweisführung verdienen unsere Aufmerksamkeit.

In einem Buch, „das Christen hoffen und Nichtchristen staunen lässt", kommt ein sich selbst „Atheist" nennender Autor[13] zu „verblüffenden Beobachtungen":

„Im Kern geht es um Folgendes: Eine zentrale Prophezeiung aus dem Alten Testament (Daniel 9,25) sagt die Ankunft des Messias voraus, 476 Jahre nachdem der Befehl zum Wiederaufbau von Jerusalem gegeben wurde. Einen solchen Befehl gab es im Jahr 444 v. Chr., und es ist nicht unwahrscheinlich, dass Jesus bei seinem Einzug in Jerusalem diese Prophezeiung erfüllt hat.

Nach christlicher Überzeugung wird Jesus am Ende der Zeit wieder zurückkommen, um das Reich Gottes zu errichten. Wenn man weiß, dass es um das Jahr 1537 herum noch einmal einen Befehl zum Wiederaufbau von Jerusalem gegeben hat (durch Süleyman I.), dann erkennt man selbst ganz ohne Gottvertrauen, dass Jesus um das Jahr 2012/2013 herum die Möglichkeit hat, bei seinem Zweiten Kommen dieselbe Prophezeiung noch ein zweites Mal zu erfüllen [...].

Wenn Jesus Weihnachten 2012 kommt, dann wäre das ein wahrhaft göttlicher Geniestreich."

Ein wahrhaft göttlicher Geniestreich ist auch der „Bibel-Code", der es uns erlaubt, die Heilige Schrift endlich „so zu lesen, wie es immer beabsichtigt war". Er wurde entdeckt in der hebräischen Originalversion des Alten Testaments und findet sich auch nur dort – allerdings ist der Code selbst „ökumenisch und für jedermann bestimmt", erklärt dessen Entschlüssler Michael Drosnin.

Kennedys Ermordung wie Obamas Präsidentschaft, die Mondlandung wie das verheerende Erdbeben im japanischen Kobe, die Nahost-Kriege wie das Attentat auf Jizchak Rabin samt dem Namen des Täters: All das und noch viel mehr hat Drosnin aus der Thora extrahiert: „Sie ist wie ein riesiges Kreuzworträtsel aufgebaut und von Anfang bis Ende in Worten codiert, die eine verborgene Botschaft enthalten."

Der Journalist der *Washington Post* gab die 304 805 hebräischen Buchstaben, aus denen die ersten fünf Bücher des Alten Testaments bestehen, fortlaufend ohne Leerzeichen und Zeichensetzung in den Computer ein. Dazu ist anzumerken, dass das Hebräische eine reine Konsonantenschrift ist, in der es keine Vokale gibt. Das bedeutet, die Silben sind mehrdeutig. Deshalb stehen die Chancen, Botschaften zu dechiffrieren, ungleich größer als beispielsweise im Deutschen oder Englischen.

Diesen durchgehenden Buchstabenblock suchte Drosnin nun waagerecht und senkrecht, von rechts nach links ebenso wie von unten nach oben, diagonal oder vertikal, nach sinnvollen Wörtern ab. Indem er diese dann mit anderen kombiniert, die in der Nähe stehen, fand er eindeutige Botschaften. Etwa: „William Gates, agitator, leader" („William Gates, Agitator, Führer") – obwohl ohne Selbstlaute eigentlich nur „WLLMGTSGTTRLDR" aus der Textmasse aufscheint.

Eine zweite Codierungsmethode besteht darin, in den Computer ein bestimmtes Suchwort einzugeben, das es aus den ersten fünf Büchern Moses herausfiltern soll. Etwa den Namen des 1995 ermordeten israelischen Ministerpräsidenten Rabin. Zusammenhängend und als solchen findet der Computer diesen nicht.

Aber er entdeckt das Gewünschte, wenn jeweils ein oder zwei oder fünf oder 20 oder 1000 Buchstaben übersprungen und der jeweils zweite oder dritte oder zehnte oder 1001ste Buchstabe aneinandergereiht wird. Im Fall von Jizchak Rabin muss man nur jeweils 4772 Buchstaben im Pentateuch auslassen, und dann hat man den Namen.

„Ich glaubte nie an die apokalyptischen Prophezeiungen der Bibel", schreibt Drosnin in seinem Weltbestseller „Der Bibel-Code". Und ebenso wenig daran, dass „Gott oder der Teufel die Welt zerstören oder dass die Kräfte des Guten und des Bösen in einer finalen Auseinandersetzung aufeinanderprallen würden. Doch nun sagt der Bibel-Code einen Endkampf – das Armageddon – voraus, wobei der Nahe Osten als möglicher Ausgangspunkt ebenso wie ein nuklearer Terrorakt als Auslöser nur allzu real erscheinen."[14]

Zu dem verheerenden Northridge-Erdbeben am 17. Januar 1994 bei Los Angeles etwa findet sich im Bibel-Code die unwiderlegbare Buchstaben- und Zahlenkombination „L. A. Kalif" und „großes Erdbeben" und „5754" (was im modernen Kalender dem Jahr 1994 entspricht).

„Hitler" und „Nazi" sind an derselben Stelle codiert wie „Blutbad". Im Laufe seiner Forschungstätigkeit stieß Drosnin in dem Code auch auf eine „kosmische Vorhersage – und wurde wenig später Augenzeuge ihres Eintreffens in der wirklichen Welt".

Die Rede ist vom Eintauchen des Kometen Shoemaker-Levy 9 in den Jupiter. Bei dem Impact im Juli 1994 wurde die Energie von 50 Millionen Hiroshima-Bomben freigesetzt. Aufgrund der raschen Rotation des Riesenplaneten waren die Aufprallstellen nur wenige Minuten später von der Erde aus bemerkbar, und die Astronomen konnten heiße Gasblasen, ähnlich einem Atompilz, über den Rand Jupiters aufsteigen sehen. Im „Bibel-Code" kreuzt sich der Name des Planeten gleich zweimal mit dem des Kometen.

„Eine Vielzahl von Hinweisen auf ähnlich dramatische Geschehnisse überzeugte mich schließlich", bekennt Drosnin. Und genau deshalb müssen wir dem Jahr 2012 achtsam entgegengehen. Denn: „Drei Jahre sind eindeutig mit ‚dem großen Schrecken' codiert: 2000, 2014 und 2013. Das am weitesten entfernt liegende Jahr passt am besten."

Aber schon „2012" ist gemeinsam mit dem Wort „Komet" codiert. Schlimmer noch: „Erde vernichtet" lautet nach Drosnin der verschlüsselte Bibeltext über der Jahresangabe „2012".[15]

Allerdings bestehe die vage Möglichkeit, dass die Katastrophe gebannt und der Komet unschädlich gemacht werde. Drosnin führt dazu eine Parallele aus dem Talmud an. Dort finde sich die alte Erzählung eines Königs, der so wütend auf seinen Sohn war, dass er drohte, einen schweren Stein nach ihm zu werfen. Zwar bereute er seine Worte bald darauf, doch konnte er seinen Schwur nicht mehr zurücknehmen.

So befahl er, den Stein in kleine Kiesel zu zerbrechen, die er dann einen nach dem anderem auf seinen Sohn warf. „Diese Parabel, die sich in kosmischer Größenordnung auf dem Jupiter zugetragen hat, könnte ebenso das Schicksal der Erde voraussagen", verbreitet der „Bibel-Code"-Autor[16] ein wenig Hoffnung.

Könnte.

Doch auch vielen anderen Zeitanalytikern steht „der Nahe Osten als möglicher Ausgangspunkt" erschreckend deutlich vor Augen – insbesondere „der Staat Israel als Zeichen SEINER Naherwartung", wie es beispielsweise im Untertitel der Publikation „Jesus kommt!"[17] heißt.

Aufgrund des festen Glaubens an die „völlige Inspiration

der Bibel" kommt der Autor zu einer bestechenden Endzeit-Theologie, die folgende Eckpunkte setzt: „Die Vertreibung des jüdischen Volkes (3. Mo 26, 33–39/5. Mo 28,65–69) wurde prophezeit. Aber auch seine Rückkehr (Hes 36,24 und 37,12–14.). Alle Ereignisse der Wiederkehr Jesu Christi sollen im Zeitraum einer Generation seit der Neugründung des Staates Israel geschehen. Nur so bekommt Jesu Ankündigung Mt 24,34–41 einen Sinn: *Diese Generation wird nicht vergehen, bis dies alles geschehen ist.*

Weil die Rückkehr von Millionen Juden und die Staatsgründung Israels 1948 stattgefunden hat, ist dieses von Jesus Christus für seine Wiederkehr genannte erste Zeichen erfüllt. […] Eine prophezeite, aus dem Kosmos geführte Naturkatastrophe und das darauf folgende Armageddon der Nationen, mit dem Erscheinen Jesu Christi – Epiphanie – über dem Ölberg, wird die Menschheit vor ihrem Selbstmord retten […]. Dieses Kommen des Messias Jesus bewirkt die Entrückung!"

Gottes prophetische Uhr, die für fast 2000 Jahre angehalten worden war, hat also mit der Staatsgründung Israels 1948 wieder zu ticken begonnen. Von da an bis 2012 sind es 64 Jahre. Ist das „eine Generation", also ein Menschenalter? Durchaus denkbar. Und die „Entrückung"? Die bevorstehende Ereignissequenz wird auf einer monothematischen Webseite[18] zu dieser Frage eindrücklich beschrieben:

„Bei der Entrückung werden viele Menschen auf der ganzen Erde in einem Augenblick verwandelt werden und ihrem Herrn Jesus Christus in den Wolken in der Luft entgegengerückt. Für die Menschen, die auf der Erde zurückbleiben, wird es den Eindruck haben, als hätten sich diese Leute in Luft aufgelöst.

Ein Kennzeichen für die Entrückung wird eine ungeheure Anzahl von Katastrophen in ein und derselben Stunde sein. Es werden Flugzeuge abstürzen, da kein Pilot mehr darin sitzt, auf den Autobahnen und Straßen werden Autos plötzlich ohne Fahrer sein, wichtige Personen in Politik und Wirtschaft sind plötzlich verschwunden usw. Jeder kann sich gut vorstellen, welches Chaos ein solches Geschehen nach sich ziehen wird. Die Entrückung kann also nicht übersehen werden."

Umso schlimmer, dass die sogenannten Amtskirchen die Schatten der Endzeit gar nicht zur Kenntnis nehmen wollen. Und keinerlei Vorbereitung für diese Situation treffen: „In den offiziellen Lehren der Kirchen kommt die Entrückung nämlich fast gar nicht vor, weil diese Institutionen längst den Bezug zur Bibel, zum wahren Glauben an Jesus Christus und zum Schöpfer verloren und durch weltliche Ansichten ersetzt haben. Dort ist daher kaum die Wahrheit zu finden."[19]

Aber an anderer Stelle. Zahllose Gläubige haben sich mit dem Phänomen der Entrückung bereits vertraut gemacht: anhand der sehr populären Buchreihe „Left behind"[20] des Autoren-Duos Tim LaHaye und Jerry B. Jenkins. Die zwölfbändige Geschichte folgt dem apokalyptischen Szenario der Johannes-Offenbarung: Während das Ende der Welt naht, kämpft die Gemeinde Gottes gegen den Antichristen.

Aber wer ist der Antichrist? Bei LaHaye/Jenkins tritt er als wortgewandter, charismatischer Politiker auf, der sich mit falscher Zunge in die Herzen der Menschen schleicht. Und nicht nur den weit über 50 Millionen „Left behind"-Lesern fällt dazu seit 2008 nur ein Name ein: Barack Obama.[21]

Einnehmende Sprache, messianisches Auftreten, stets bereit, falsche Hoffnungen zu schüren – das könnte hinkommen. Sehen wir noch einmal bei *Endzeitzeichen* nach:

„Wir haben erst kürzlich einen Präsidenten (Barack Obama) gewählt, der von den Menschen ‚Messias' gerufen wird; und ich habe nicht gehört, dass er es jemals verneint hätte[22] […]. Obama war nicht in der Lage, auch nur ein Treffen des nationalen Gebetstages zu besuchen, doch er verpasst keine Gelegenheit, die homosexuelle Agenda zu fördern […]. Das ist die Einstellung von Obama, wenn es um das Wort Gottes geht, und er sagt von sich, ein Christ zu sein […].[23]

Der Antichrist wird schnell und mit viel Macht auf der Bühne erscheinen, da er in der kurzen Zeit, die ihm bleibt, viel erreichen und ausführen muss. Vielleicht braucht er dazu einen Frühstart. Wenn das der Fall ist, dann ist Barack Obama vielleicht auf dem Weg, der Antichrist zu werden [...]. Wenn meine Berechnungen richtig sind, dann haben die amerikanischen Christen zum letzen Mal ihren Präsidenten gewählt."[24]

Bedeutet dies, dass die für 2012 vorgesehenen Präsidentschaftswahlen in den USA gar nicht mehr stattfinden? Wer weiß. Dass das katholische Kirchenoberhaupt Benedikt XVI. Obama bei dessen erster Papst-Audienz kräftig „ins Gewissen redete",[25] dürfte den US-Präsidenten jedenfalls wenig beeindruckt haben. Denn die Tage von Papsttum und römisch-katholischer Kirche sind gezählt. Das wissen wir aus den Papst-Weissagungen des Malachias.

Dieser irische Bischof gab im 12. (!) Jahrhundert in insgesamt 112 (!) Orakelsprüchen einen prophetischen Abriss über die Päpste vom Hochmittelalter bis ins dritte Millennium hinein. Jeder künftige Pontifex ist dabei mit einem kurzen, charakterisierenden Motto gekennzeichnet. Papst Nr. 110 war etwa „De labore Solis", übersetzt „Von der Bedrängnis der Sonne". Und in der Tat passte diese Sentenz verblüffend genau auf Johannes Paul II. Und das gleich in mehrfacher Hinsicht.

„Der Pole Karol Wojtyla wurde am 18. Mai 1920 geboren", entschleiert der Schriftsteller und Kenner der Prophetien Manfred Böckl den Sinnspruch.[26] „Und an diesem Tag ereignete sich eine totale Sonnenfinsternis." Eine christliche Internetseite weist ebenso darauf hin, dass Johannes Paul II. aus Polen kam – einem Land, welches zur Zeit seiner Wahl als atheistisch galt. Die Kirche (für die die Sonne steht) befand sich in diesem Land also in Bedrängnis.[27]

Der vorletzte Papst in dieser Liste ist Wojtylas Nachfolger Benedikt XVI., beschrieben als „De Gloria Olivae", der „Ruhm des Ölbaums". Auch hier liegt die Deutung auf der Hand: Der

Olivenhain ist für die Christen ein Symbol des Friedens und der Versöhnung zwischen Gott und den Menschen, nachdem Noah eine Taube losgeschickt hatte, um nach Land zu suchen, und das Tier mit einem Ölzweig im Schnabel zurückkehrte. Und eben dies ist ein besonderes Merkmal des Pontifikats von Benedikt XVI. seit 2005.

Mit dessen Nachfolger wiederum wird die katholische Kirche, den Papst-Weissagungen des Malachias zufolge, also am Ende ihrer zweitausendjährigen Reise angelangt sein. Und das verheißt nichts Gutes.

Dem letzten Stellvertreter Christi auf Erden nämlich schreibt der irische Seher-Bischof diese Losung zu: „In persecutione extrema S.R. Ecclesiae sedebit Petrus Romanus, qui pascet oves in multis tribulationibus, quibus transactis civitas septicollis diruetur et judex tremendus judicabit populum suum. Finis." (Während der scharfen Verfolgung der Heiligen römischen Kirche wird Petrus, ein Römer, regieren. Er wird die Schafe unter vielen Bedrängnissen weiden. Dann wird die Sieben-Hügelstadt zerstört werden und der furchtbare Richter wird sein Volk richten. Ende.)

Bekanntlich wurde Joseph Ratzinger drei Tage vor seiner Wahl zum Papst 78 Jahre alt und ist damit der älteste gewählte Kandidat seit anno 1730. Sein Nachfolger wird also nicht allzu lange auf sich warten lassen.

Und doch kommt Benedikt XVI. womöglich noch eine weitaus bedeutendere Rolle im prophetischen Weltgeschehen zu, als „nur" der vorletzte Pontifex im Verzeichnis des Malachias zu sein. „De Gloria Olivae" – das könnte sich auch auf Fatima beziehen. Auf den Olivenbaum,[28] wo die drei Seherkinder 1917 die Gottesmutter Maria erblickten. Und von der Erscheinung drei Geheimnisse von kaum zu überschätzender Tragweite bekamen.

Und es war der damalige Kardinal Ratzinger, der im Sommer 2000 völlig überraschend vor die Weltöffentlichkeit trat und das dritte Geheimnis von Fatima lüftete. Kennern indes kam die ganze Sache recht merkwürdig vor. Denn jahrzehntelang kursierte eine sibyllinische Version der dritten Fatima-Botschaft, die der Vatikan im Jahr 1962, auf dem Höhepunkt der Kubakrise, den Staatschefs Kennedy (USA) und Chruschtschow (UdSSR) zukommen ließ, um damit einen Krieg der Supermächte zu verhindern.

In der Marienbotschaft ist die Rede von einer „großen Züchtigung", denn die Menschheit habe sich nicht so entwickelt, wie Gott es erwartete:

„Die Kirche wird sich verfinstern, und die Welt gerät in große Bestürzung. Feuer und Rauch werden vom Himmel fallen, und die Wasser der Ozeane werden verdampfen, und die Gischt wird gen Himmel zischen und alles wird umstürzen, was aufrecht steht. Und Millionen und Abermillionen von Menschen werden von einer zur anderen Stunde ums Leben kommen, und die, welche dann noch leben, werden diejenigen beneiden, welche tot sind. Drangsal wird sein, wohin man schaut, und Elend auf der ganzen Erde und Untergang in allen Ländern."

Vor diesem Hintergrund nimmt sich das, was Kardinalstaatssekretär Angelo Sodano am 13. Mai 2000 in Fatima verkündete und Glaubenspräfekt Ratzinger kommentierte, seltsam unspektakulär aus. Angeblich geht es im dritten Geheimnis um einen weiß gekleideten Mann, der sich durch eine zerstörte Stadt schleppt und auf einem Hügel erschossen wird, zusammen mit Bischöfen, Priestern und anderen Personen. Engel sammeln das Blut ein. Über dieser Szenerie schweben die Jungfrau Maria und ein Engel mit einem Schwert, der mit lauter Stimme ruft: „Buße, Buße, Buße!"

Joseph Ratzinger selbst deutete diese Bilder auf „Geschehnisse, die nunmehr der Vergangenheit anzugehören scheinen", wie etwa die Unterdrückung des christlichen Glaubens im Ostblock und das Attentat auf Johannes Paul II. 1981 in Rom.

Aber stimmt das wirklich? So mancher Fachmann hielt die Veröffentlichung für verkürzt, andere vermuteten dahinter sogar eine komplette Fälschung.

„Kann es denn wahrscheinlich sein", wispert es durchs Internet, „dass die Jungfrau von Fatima den drei Kindern eine derart obskure Vision gegeben hätte, dass sogar der Präfekt der Kongregation für den Glauben nur einen ‚Versuch' der Auslegung unternehmen kann, wenn der Rest der Botschaft von Fatima nicht nur völlig klar ist, sondern auch noch von der Muttergottes in all seinen visionären Aspekten mit ihren eigenen Worten erklärt wird – sogar die Vision der Hölle?"[29]

Das ist zumindest eigenartig. Denn in der Tat sind die Prophezeiungen der Gottesmutter aus dem Jahr 1917 absolut eindeutig. Etwa die Ankündigung des Zweiten Weltkriegs: „Der Krieg geht seinem Ende entgegen, aber wenn man nicht aufhört, den Herrn zu beleidigen, wird nicht lange Zeit vergehen, bis ein neuer, noch schlimmerer beginnt. Es wird während des Pontifikats Pius XI. geschehen. Wenn ihr dann eines Nachts ein unbekanntes Licht sehen werdet, so wisset, es ist das Zeichen von Gott, dass die Bestrafung der Welt für ihre vielen Verbrechen nahe ist."

Das „unbekannte Licht" zeigte dann auch wirklich den Zweiten Weltkrieg an – als am Abend des 25. Januar 1938 eine gigantische Aurora Borealis (Nordlicht) den Himmel über Europa blutrot färbte.[30]

Und deshalb erscheint es nicht abwegig, dass das dritte Geheimnis von Fatima entweder aus zwei Teilen bestand, von denen der zweite noch immer nicht zugänglich gemacht worden ist. Oder dass gar ein „viertes Geheimnis" von Fatima existiert.

Diesen Schleier des Mysteriums perforieren unter anderem die beiden italienischen Journalisten Antonio Socci und Marco Tosatti. Aus ihren Büchern „Il quarto segreto di Fatima" und „La profezia di Fatima" erfahren wir, dass die Gottesmutter wahrhaftig viel weitergehende Voraussagen gemacht hat. So habe sie 1917 den Glaubensabfall einer erschreckend großen Zahl von Christen sowie eine „Religionskrise in der Welt" prophezeit, neben zahlreichen weiteren Katastrophen, die über die Kirche hereinbrechen werden.[31] Und was nur wenige wissen: 1973 wiederholte Maria diese Mahnung. Im japanischen Akita, wo sie die Ordensschwester Agnes Sasagawa vor Naturkatastrophen warnte, die noch größer seien als die bereits geschehenen, wenn die Menschheit sich nicht bekehre. Und wo befand sich das Epizentrum des desaströsen Erdbebens vom März 2011? In der nordjapanischen Diözese Sendai. Die Stadt Sendai ist etwa 150 Kilometer entfernt vom Wallfahrtsort Unserer Lieben Frau von Akita in der Stadt Yuzawa.[32]

Und nicht nur das: Missbrauchsdebatte, Kirchenaustritte, Resignation und Gleichgültigkeit unter den Christen sowie das Erstarken des organisierten Atheismus sprechen eine unüberhörbare Sprache. Eine Sprache, die uns sagt: Die Wiederkunft Jesu Christ steht unmittelbar bevor.

Allerdings kommen wir nicht umhin, vorsichtshalber darauf hinzuweisen, dass das wiederholte Fazit der Reden über die Endzeit in der Bibel ein praktisches ist: „Jenen Tag und jene Stunde kennt niemand, auch nicht die Engel im Himmel, nicht einmal der Sohn, sondern nur der Vater" (Mt 24,36).

In der Offenbarung des Johannes – und kein anderer Text der Welt, auch nicht Nostradamus, ist so vielfach für Endzeit-Fahrpläne missbraucht worden – wird diese Mitteilung schon zu Anfang der Vision mit einem eindrücklichen Bild verbunden: Gott selbst hält die Schriftrolle, in der die Lösung für alle Geheimnisse der Geschichte geschrieben steht, in seiner rechten Hand (Kapitel 5). Aber sie ist mit sieben Siegeln versehen, die es „niemandem im Himmel, auf der Erde und unter der Erde" erlauben, die Rolle zu öffnen. Jedes Siegel hält einen Teil der Rolle fest, alle Teile bleiben verschlossen.

Pragmatische Exegeten können denn auch nur zur Nüchternheit mahnen: „Hätten sich die zahllosen Seher und Sektierer, die sich bis zum heutigen Tag an den sieben Siegeln abmühen, diese Botschaft zu Herzen genommen – viel Unsinn wäre uns erspart geblieben."[33]

Die phantastischen Endzeitvisionen der Johannes-Apokalypse, von psychedelischer Qualität und selbst als Allegorien nahezu unverständlich, waren zu ihrer Entstehungszeit (etwa 95 n. Chr.) nichts anderes als Untergrundliteratur: Trost der verfolgten Christen und dazu bestimmt, die Entschlossenheit einer Gemeinschaft im Kampf zu stärken, indem man ihr die Vision einer plötzlichen und dauerhaften Befreiung vor Augen führte.[34]

In der gegenwärtigen Praxis ist die Heilige Schrift indes nur der Grundbass für schrille Improvisationen zum Thema Endzeit – oftmals befeuert von desorientiertem Leiden am beklagenswerten Zustand der Welt als Ort der Heillosigkeit und des Unheils. Kein Prinzip Hoffnung gilt mehr, sondern Hoffnungslosigkeit, und eine kollektive Angst bricht sich Bahn, gleichermaßen vor der Welt wie um die Welt. Und das lässt in den Köpfen geängstigter Fundamentalisten die Grenzen zwischen realen Gefahren und apokalyptischen Deutungsmustern, zwischen Realität und Fiktion verschwimmen.

Greifen wir exemplarisch die gewagte Verknüpfung von Benedikt XVI., dem „Ruhm des Ölbaums", mit jenem Olivenbaum heraus, wo sich am 13. Mai 1917 zum ersten Mal die Muttergottes-Erscheinung von Fatima manifestiert haben soll. Das jedenfalls behaupten die Autoren Grazyna Fosar und Franz Bludorf in ihrem Buch „Zeitfalle: Der Code der Weltgeschichte".[35] Ein Kapitel darin ist dem „Projekt Fatima" gewidmet. Doch allzu gründlich scheinen die beiden nicht recherchiert zu haben.

Denn es war eine Steineiche, über der Lucia de Santos (10), ihr Cousin Francisco Marto (9) und dessen Schwester Jacinta (7) die Jungfrau Maria erblickt haben wollen. 1922 wurde der Baum von antikatholischen Eiferern mit Dynamit in die Luft gesprengt.

Und auch die bedeutungsschweren „Geheimnisse" von Fatima sind weit weniger mysteriös, als es zunächst den Anschein hat. Sachlich betrachtet ging es an keinem der sechs

Erscheinungstage (von Mai bis Oktober 1917, immer am 13. des Monats) um spektakuläre Zukunftsvorhersagen. Sondern um nichts weiter als um den beständigen Appell der Gottesmutter, den Rosenkranz für die Beendigung des Ersten Weltkriegs zu beten.

Man braucht kein Psychologe zu sein, um in den vermeintlichen Erscheinungen persönliche Ängste und Nöte der „Seher" Lucia, Francisco und Jacinta zu erkennen, die diese auf eine himmlische Gestalt projizierten. Drei kleine Hirtenkinder, die mitbekamen, dass Angehörige, Nachbarn, Verwandte in den Krieg mussten. Und die dramatische Unruhen und Aufstände in ihrer portugiesischen Heimat erlebten, weil eine deutsche Seeblockade die Nahrungsmittel drastisch verknappte.

Neben persönlicher Angstbewältigung hatten die von der „Gottesmutter" verlangten und von Lucia als Haupt-„Seherin" verkündeten Rituale noch eine zweite wichtige Bedeutung. Es ging um nichts weniger als um die Illusion, etwas tun zu können, also jenen schwierigen und bedrückenden Zeiten nicht mehr hilflos ausgeliefert zu sein, sondern dagegen aktiv zu werden – nämlich in dem von der „Erscheinung" geforderten Sinne: beten, opfern, fasten. Um damit Gott zu bewegen, weiteres Unheil abzuwenden.

Das war alles. „Prophezeiungen" gab es zunächst keine. Und wenn, dann waren sie entlarvend fehlerhaft.

So unterlief der Seherin Lucia am letzten Erscheinungstag ein herber Schnitzer. Bei einer Befragung am Abend erklärte sie, die Gottesmutter habe ihr gesagt, „dass wir uns bessern sollen, dass wir unseren Herrn, der sehr beleidigt sei, nicht beleidigen sollen, dass wir den Rosenkranz beten und Verzeihung unserer Sünden erbitten sollen, dass der Krieg heute aufhören werde und dass wir unsere Soldaten sehr bald erwarten sollen".

Der Erste Weltkrieg endete jedoch mitnichten an diesem 13. Oktober 1917. Auf drängende Nachfragen betonte die Seherin zwei Tage später: „Ich habe es so gesagt, wie Unsere liebe Frau es gesagt hat."

In den frommen Fatima-Schriften steht heute zu lesen, Lucia habe lediglich ausgesagt, der Krieg gehe „bald“ zu Ende. Das ist erstens falsch. Zweitens wenig mehr als eine vage Binse. Und drittens zog sich der Krieg noch ganze sechzehn Monate hin. Für die Gegner der Echtheit der Prophezeiungen zu lange.

Aber die unwiderlegbar exakte Ankündigung des Zweiten Weltkriegs?

„Es wird während des Pontifikats Pius XI. geschehen“, soll Maria am 13. Oktober 1917 geoffenbart haben: „Wenn ihr dann eines Nachts ein unbekanntes Licht sehen werdet, so wisset, es ist das Zeichen von Gott, dass die Bestrafung der Welt für ihre vielen Verbrechen nahe ist.“

Zugegeben: Im Sommer 1917 wäre das eine recht eindrucksvolle Vorhersage künftiger Geschehnisse gewesen. Nur kann davon überhaupt keine Rede sein. Wiederum haben wir es mit einem typischen Fall von „Nachhersage“ zu tun.

Und das kam so: 1919 und 1920 starben die beiden Neben-Seher Jacinta und Francisco Marto an der Spanischen Grippe. Durch den frühen Tod der beiden lag die alleinige Deutung und Verfügung über die Botschaften der Gottesmutter nun bei Lucia Santos. Ab 1921 besuchte Lucia eine katholische Privatschule, wo sie lesen und schreiben lernte, ehe sie 1926 ins Kloster ging.

Dort wurde sie im Laufe der Jahre von ihren Beichtvätern und verschiedenen kirchlichen Autoritäten immer wieder aufgefordert, ihre Erinnerungen an die Ereignisse zwischen Mai bis Oktober 1917 „gewissenhaft bis ins Kleinste“ aufzuschreiben. Und wann immer Lucia diesem Ansinnen nachkam, dichtete sie neue Details und „Botschaften“ der Gottesmutter hinzu – von denen bei den zahlreichen Befragungen an den sechs Erscheinungstagen nie auch nur andeutungsweise die Rede gewesen war.

Dazu gehören eben auch die drei weltberühmten „Geheimnisse“ von Fatima, die Lucia zwischen 1941 und 1943 verfasste und auf die sechs Erscheinungstage von 1917 zurückdatierte.

Der erste Teil der „Geheimnisse“ umfasst eine Vision der Hölle, die als riesiges Flammenmeer „in der Tiefe der Erde“ beschrieben wird, darin sich „die Teufel und die Seelen“ befinden, „als seien sie durchsichtige schwarze oder braune glühende Kohlen in menschlicher Gestalt“. Skeptiker erkennen in Lucias Höllenvision wenig Originelles und sprechen von einem naiven Produkt übersteigerter Phantasie.

Das zweite Geheimnis von Fatima rankt sich um den Beginn des Zweiten Weltkriegs sowie um die „Irrlehren Russlands“, also den Kommunismus. Aber alle Ereignisse hatten zum Zeitpunkt der Niederschrift längst stattgefunden – auch das weithin sichtbare Nordlicht am 25. Januar 1938, welches Fatima-Anhänger als das besagte „unbekannte Licht“ deuten.

Peinlich, dass Lucia trotzdem sogar noch ein Fehler unterlief („Es wird während des Pontifikats Pius XI. geschehen“). Anscheinend war sie während der Ausarbeitung des zweiten Geheimnisses der Überzeugung, zu Kriegsbeginn habe noch Pius XI. regiert. Dieser war aber am 10. Februar 1939 gestorben.

Beim deutschen Überfall auf Polen im September 1939 hieß der Papst Eugenio Maria Guiseppe Giovanni Pacelli alias Pius XII. Lucia redete sich später damit heraus, der eigentliche Beginn des Zweiten Weltkriegs sei schon die Besetzung Österreichs 1938 gewesen. Was Historiker für baren Unsinn halten.

Den dritten Teil des „Großen Geheimnisses von Fatima“ schrieb Lucia 1943 und übergab ihn dem Bischof der Diözese Leiria/Portugal in einem versiegelten Umschlag. Von dort gelangte das Dokument später nach Rom. Erst 1960 sollte das „Dritte Geheimnis“ veröffentlicht werden. Warum? „Weil die heilige Jungfrau es so will“, erklärte Lucia.

Das wurde es aber nicht. Prompt schossen apokalyptische Spekulationen ins Kraut: Papst Johannes XXIII. sei über den Inhalt so entsetzt gewesen, dass er den Text unter Verschluss halte – in dem es angeblich um den Atomkrieg oder eine welterschütternde Katastrophe gehe.

Vierzig Jahre lang tat sich nichts. Dann die Sensation: Während eines Besuchs von Papst Johannes Paul II. in Fatima im Mai 2000 gab Kardinal Angelo Sodano ohne Vorankündigung das dritte Geheimnis der Seherin Lucia Santos preis, die zu diesem Zeitpunkt noch am Leben war (sie starb 2005).

Warum die späte Veröffentlichung des „dritten Geheimnisses", gegen die ausdrückliche Weisung der Himmelskönigin? Darüber können wir nur spekulieren.

Nicht ganz unplausibel ist die Vermutung, dass man die hofierte und umjubelte Fatima-„Seherin" Lucia Santos nicht blamieren wollte und deshalb abwartete, bis man das dritte Geheimnis auf irgendetwas halbwegs Passendes hinbiegen konnte – nämlich auf die besagten „Geschehnisse, die nunmehr der Vergangenheit anzugehören scheinen", wie Kardinal Ratzinger den dürren Text beredt kommentierte.

Mutmaßungen um ein viertes Geheimnis von Fatima sind daher ganz und gar sinnfrei. Selbst wenn es in einer Schublade der vatikanischen Glaubenskongregation weggeschlossen sein sollte: Als Zukunftsschau wäre es wertlos. Auch die Seherin von Akita, Agnes Sasagawa, kam bei ihrer Wiedergabe der angeblichen Marienerscheinungen in Japan 1973 nicht über unkonkrete und vieldeutige Aufforderungen zu Buße und Kasteiung hinaus.

Nichtsdestotrotz bleibt die Frage nach dem „Ruhm des Ölbaums". Ist Joseph Ratzinger respektive Benedikt XVI. der vorletzte Pontifex, so wie es der irische Bischof Malachias im 12. Jahrhundert hellsichtig niederlegte?

Mitnichten. Die „Papst-Weissagungen des heiligen Malachias" sind nichts weiter als eine politische Tendenzschrift aus dem 16. Jahrhundert, welche die Priorität hatte, das Konklave von 1590 zugunsten des Kardinals Girolamo Simoncelli zu beeinflussen, der aus Orvieto (antiker Name: Orvieto urbs vetus) stammte – weshalb dem zu wählenden Papst die Devise „Ex antiquitate urbis" zugeschrieben wurde: Aus der alten Stadt. Allerdings, wie öfter bei solchen Machenschaften, verfehlte das Mittel den Zweck. Der neue Papst kam aus Mailand und hieß Nikolaus Sfondrato alias Gregor XIV.

Manipulation – bei diesem Stichwort schiebt sich sogleich auch der „Bibel-Code" ins Visier.

Klar gibt es Michael Drosnins Bibel-Code. Seinen, meinen, irgendeinen. Jeder kann ihn sich so zurechtbasteln, wie er möchte. Zurückschauend, voraussagend, nichtssagend.[36] Aus einer der vermeintlich bedeutendsten Entdeckungen der Wissenschaftsgeschichte ist längst eine Banalität geworden, die bei seriösen Forschern kaum mehr Beachtung findet.

Für den 13. September 1996 hatte der „Bibel-Code" einen „atomaren Holocaust in Israel" angekündigt. Als dieser ausblieb, zeigte Drosnin sich nach eigenem Bekunden „erleichtert, doch auch ratlos". Allerdings nicht lange. Schnell fand der umtriebige Journalist die Sprache wieder – und schob unverdrossen Band zwei und drei seines Weltbestsellers hinterher. Überhaupt kein Problem, „hatte ich nun [doch] den Beweis, dass die Zukunft nicht unabänderlich in Stein gemeißelt war".

Seine rhetorische Frage „Warum teilt uns der Bibel-Code nicht nur die eine, tatsächliche Zukunft mit?" beantwortete Drosnin gleich selbst: „Die Antwort scheint darin zu liegen, dass es in der Zukunft nicht nur diese eine, sondern viele Möglichkeiten gibt."[37] Und zwar mindestens ebenso viele, wie es Möglichkeiten gibt, in einer x-beliebigen Textmenge alles zu identifizieren, was man ausfindig machen möchte.

Als „Der Bibel-Code" auf den Markt kam, gab sein Verfasser dem US-Magazin *Newsweek* zu Protokoll: „Wenn meine Kritiker eine verschlüsselte Nachricht über die Ermordung eines Premierministers in *Moby Dick* finden, glaube ich ihnen."

Also machte sich der australische Mathematiker Brendan McKay ans Werk. Ohne große Mühe spürte er nach Drosnins

Methode im englischen Text des Melville-Romans die Morde an Indira Gandhi, Leo Trotzki, Martin Luther King und John F. Kennedy auf.[38] Auch Rabins Tod und der Unfall von Lady Diana in Paris ließen sich retrospektiv dem Wal-Buch abringen.

Davon unbenommen produzierte ein großer deutscher Privatsender noch 2008 den „Bibel-Code" als zweiteiliges „Mystery-Abenteuer-Event", mit Cosma Shiva Hagen und Joachim Fuchsberger in den Hauptrollen. Was der müde Streifen aus der Mystik-Entertainment-Fastfood-Küche den Zuschauern sagen wollte, wurde nicht recht deutlich.

Klar hingegen ist, dass wir es in Sachen „Bibel-Code" mit pseudowissenschaftlichem Unfug zu tun haben. Drosnins Buch bezieht sich zwar auf Arbeiten des überaus angesehenen israelischen Mathematikers Eliyahu Rips. Allerdings verschweigt Drosnin, dass sein spektakulärer Code mit den deutlich wissenschaftlicheren Arbeiten Rips' kaum etwas zu tun hat. Rips hat sich deshalb von Drosnin distanziert, obgleich dieser ihn immer wieder als Gewährsmann ausgibt.[39]

Eliyahu Rips hatte 1994 mit zwei Co-Autoren (einem Physiker und einem Computerexperten) den Aufsatz „Equidistant Letter Sequences in the Book of Genesis" in der renommierten Fachzeitschrift *Statistical Science* veröffentlicht. Darin erklären die Wissenschaftler detailliert ihre Beschäftigung mit etwaigen versteckten Botschaften in der Thora. Fraglos ein interessantes Thema, das in Fachkreisen jedoch eher als Kuriosum denn als ernsthaftes Betätigungsfeld diskutiert wird. Kritiker bezweifeln mit Recht, dass die Wissenschaft die Existenz eines wie auch immer gearteten Bibel-Codes je belegen kann.

Erst der findige *Washington-Post*-Reporter Michael Drosnin versimpelte Rips' Suchverfahren zu einem selbstimmunisierenden Endlos-Rätsel. Und so scheint der Literaturhistoriker Dr. Carsten Peter Thiede[40] absolut richtiggelegen zu haben, als er frei nach Drosnins Buchstabenspielerei die Botschaft „Der Code hält dumm" aus dem Buch der Bücher filtrierte.

Scharlatane gibt es freilich überall. Aber wohl niemand wird die Autoren der Bibel selbst als solche bezeichnen wollen.

„Die Bibel enthält 6408 Verse mit prophetischen Angaben, von denen sich 3268 bisher so erfüllt haben, während die restlichen Prophetien noch zukünftige Ereignisse betreffen", sagt der deutsche Informatiker Werner Gitt. „Keine Voraussage ist verändert eingetroffen." Professor Gitt rechnet – mathematisch korrekt und in aller Ausführlichkeit – vor, dass das zufällige Eintreffen derart vieler Prognosen etwa so wahrscheinlich ist wie ein Sechser im Lotto.[41] Mithin ist es vollkommen statthaft, unsere gegenwärtige Situation und die bevorstehenden Ereignisse anhand der biblischen Propheten, wie Jesaja, Daniel, Joel oder Johannes, zu entschlüsseln, oder?

Nicht zwingend. Denn die Auffassungen von Endzeitspezialisten wie Gitt und Co. sind vielgestaltig und eigenbrötlerisch.

„Wenn du auch in die Höhe führest wie ein Adler und machtest dein Nest zwischen den Sternen, dennoch will ich dich von dort herunterstürzen, spricht der Herr." – Diesen Satz aus Obada 1,4 bringt der konservative Evangelikale Gitt allen Ernstes mit „Satelliten, Spacelabs und Orbitalstationen"[42] in Verbindung. Auf diese Idee wäre wohl nicht mal Erich von Däniken gekommen.

Oder nehmen wir Jesaja 55,13: „Es sollen Zypressen statt Dornen wachsen und Myrten statt Nesseln." Gemäß der Webseite *jahrderbibel.de* ist dies ein Hinweis auf „Programme zur Wiederaufforstung von Millionen frischer Bäume", wie sie in Israel in der jüngeren Vergangenheit unternommen worden seien. Leicht verständlich, dass es bei derart vagen und vieldeutigen Prophezeiungen praktisch unmöglich ist, keine aktuelle Entsprechung zu finden.[43]

Wie aber steht es mit den mehr als 3000 prophetischen Angaben, die sich „bisher so erfüllt haben"? Auch hierbei handelt es sich um Metaphern, deren Entsprechung ehrfürchtigkreativ in späteren Ereignissen gesucht wird. Als Beispiel mag Psalm 22,17 dienen: „Denn Hunde haben mich umgeben, und der Bösen Rotte hat mich umringt; sie haben meine Hände und Füße durchgraben."

Das Hebräische ist eine tückenreiche Sprache, und so steht in manchen Bibelübersetzungen auch „durchbohrt" statt „durchgraben". Dieses Wort des Psalmisten werten Fundamentalchristen daher als Prophezeiung der Kreuzigung Jesu. Aber ist das wirklich überzeugend? Zumal die hebräische Sprache statt „durchgraben" auch „durchbissen" als Übersetzung zulässt, was im Zusammenhang mit den genannten Hunden sinnfälliger ist.

Zahlreiche scheinbare Vorhersagen betreffen historische Ereignisse in alttestamentarischer Zeit. Ein häufig angeführter „Beweis" dreht sich etwa um die Stadt Tyrus im heutigen Libanon. Auf deren Schicksal sollen sich einige Prophezeiungen in der Heiligen Schrift beziehen.

In der Tat finden wir im Alten Testament (Hesekiel 26) die recht ausführliche Ankündigung eines Angriffs auf Tyrus durch den babylonischen König Nebukadnezar. In nicht weniger als 21 Versen beschreibt Hesekiel, wie Rosse, Wagen, Reiter und ein großes Heer Tyrus dem Erdboden gleichmachen.

Die Geschichtswissenschaft bestätigt, dass diese Vorhersage im Wesentlichen eingetroffen ist. Jedenfalls belagerte Nebukadnezar Tyrus mehrere Jahre lang und zerstörte einige Bezirke. Nur hat die Sache einen kleinen Schönheitsfehler: Die Belagerung durch Nebukadnezar fand zwischen 586 und 573 v. Chr. statt, während die Entstehung des Buchs Hesekiel von der historischen Bibelforschung auf den Zeitraum zwischen 600 und 560 v. Chr. datiert wird. Die Prophezeiung war also schon Geschichte.[44]

Man kann Bibel-Arithmetik betreiben, so viel man will: Auch sie vermittelt kein privilegiertes Wissen darüber, wann die Geschichte an ihr Ende kommen wird. Das Alte und Neue Testament eignen sich nicht zur Datenprophetie.

„Was man nicht wissen muss, weiß auch niemand", erklärt der Theologe Dr. Hansjörg Hemminger Absicht und Bedeutung der biblischen Apokalypse-Tradition. „Denen, die Jesus nachfolgen, wird aufgetragen, jetzt und heute den Willen Gottes zu tun, damit sie am Ende freudig vor Gott treten können – wann und wie das auch sein wird. Damit werden alle Ansprüche auf besondere Sehergaben und Einsichten von vornherein bezweifelt."[45]

Was für alle Wahrsager gilt, trifft auch auf „Endzeitexperten" zu: Je konkreter sie werden, desto größer die Fehlerquote.[46] Das stimmt für die Drosnins, La Hayes/Jenkins, Gitts ebenso wie für den über die Maßen erfolgreichen christlichen Publizisten Hal Lindsey.[47] Der „Bestseller-Autor der Apokalyptik"[48] sieht ebenfalls in der Gründung des Staates Israel 1948 eine wichtige Vorbedingung für den Beginn der Endzeit erfüllt – und erschaudert gleichermaßen vor der Popularität eines Barack Obama:[49]

„Obama hat Recht, wenn er sagt, dass die Welt für jemanden wie ihn reif ist. Eine messiasgleiche Gestalt, charismatisch und wortgewandt, die scheinbar auf alle Fragen der Welt eine Antwort kennt. Die Bibel sagt, dass solch ein Führer schon bald erscheinen wird [...]. Diesen Führer nennt die Bibel den Antichrist. Und es scheint offensichtlich, dass die Welt nun bereit ist, mit ihm Bekanntschaft zu machen."

Soso. Hintergrund dieser Dämonisierung der Welt ist, dass „die Amerikaner mehr als jedes andere Volk in der Geschichte von der Idee besessen sind, den Antichristen zu identifizieren", schreibt der Religionswissenschaftler Professor Robert Fuller.[50] Fuller nimmt an, dies komme von der nationalen Gewohnheit, das Leben zu mythologisieren und biblische Metaphern hinter allen Ereignissen zu sehen.

In dem Film „Who's that Girl?" etwa wird Mega-Star Madonna gefragt, ob sie der Antichrist sei, aber sie (die sich 2010 von ihrem Freund Jesus [Luz] getrennt hat – noch so etwas Zeichenhaftes ...) weicht einer Antwort aus. Andere Kandidaten sind die Illuminaten, die katholische Kirche, die Freimaurer, Bill Gates, Jimmy Carter. Oder Marylin Manson.

Besonders kurios dabei: Oft assimilieren gerade jene, von denen man annehmen sollte, dass sie jede Form von okkulten und esoterischen Praktiken als Teufelswerk betrachten, Numerologie, Astrologie und Ähnliches, um ihre Beweisführung gegen den Widersacher Christ zu unterstützen.

Aber Hal Lindsey ficht es ohnehin nicht an, dass er als apokalyptischer Bibelausleger schon einmal grandios scheiterte. „Alter Planet Erde wohin?" hieß seine 1970er-Jahre-Schwarte, in der er die Erfüllung biblischer Prophetie für „morgen" – also für die unmittelbare Zukunft – ankündigte.

Konkret: Noch „vor dem Millennium" (also dem Jahr 2000) sollte Harmagedon stattfinden, die „größte Schlacht aller Zeiten". Zitat aus Lindseys Millionenseller: „In der Offenbarung lesen wir, dass zur Zeit der Schlacht von Harmagedon das größte Erdbeben aller Zeiten die Welt erschüttern wird. Ob es ein natürliches Beben sein wird oder durch irgendeine Superwaffe hervorgerufen wird, wissen wir nicht. Alle Städte der Welt werden zerstört werden [...]. Man stelle sich vor: Städte wie London, Berlin, Paris, Tokio, New York liegen mit einem Mal in Schutt und Asche. Die Heere aus dem Osten allein werden ein Drittel der Erdbevölkerung töten."[51]

Diesen überspannten Fehlformen christlicher Zukunftserwartung ist der selbsternannte Bote des Jüngsten Gerichts treu geblieben: „Hal Lindsey cites recent disasters as evidence of last days", vermeldet aktuell zum Beispiel die Webseite *Prophetic News*.[52] Und dazu zählt Lindsey auch das desaströse Erdbeben in Haiti am 12. Januar 2010: „In the last few years, we've been on the scene of great earthquakes all over the world –

from the United States to the Indian Ocean to Iran to China to Italy to Haiti to Chile to Japan, and the list goes on ..."[53]

Was das zu bedeuten hat, ist völlig klar: „He is coming, and soon!"[54]

Solch zynische Interpretation von tausendfachem Leid in Zuschauerhaltung ist ebenso empörend wie bezeichnend. Dass im März 2011 neben amerikanischen Radiomoderatoren[55] und einigen religiösen Hardlinern in Deutschland[56] auch der Holocaust-Leugner Richard Williamson von der Pius-Bruderschaft das Japan-Beben eine „Strafe Gottes"[57] nannte, demonstriert augenfällig, wessen Geistes Kind diese Äußerungen sind. Apokalyptiker sind Besessene der einzigen und alleinigen Wahrheit. Und in ihren hemmungslosen Exegesen tobt sich nichts weniger als ein moralischer Größenwahn aus. Eine uralte und simple Droh-Pädagogik: Wer nicht hören will, muss fühlen.

Zumindest sollen „die anderen" sich vorstellen, wie sie sich fühlen würden, wenn tatsächlich am Firmament ein gewaltiger Riss sich auftäte, der alle Nichtgläubigen und bloß nominellen Christen Lügen straft.

Womit wir es hier zu tun haben, sind kosmische Strafphantasien, aggressive Geistesprodukte einer politisch, gesellschaftlich und religiös aufgeladenen persönlichen Katastrophenstimmung. Ein apokalyptisches Drama entwerfen daraus die Protagonisten an den wilderen Gestaden der seelischen Gesundheit, indem sie alltägliche Ereignisse der Hand des Antichristen zuschreiben.

Die Zeitansage, dass es spät ist auf der Weltenuhr, viel später, als wir denken, hat selbstredend Folgen für die Wahrnehmung und Analyse der Gegenwart. „Tausende Vögel fallen vom Himmel ... Das wirkt wie ein apokalyptisches Zeichen. Beginnt nicht so die Offenbarung des Johannes?", drängten viele Online-Kommentatoren nach dem mysteriösen Vogelsterben zum Jahreswechsel 2010/2011 hervor.

Klare Antwort: nein. Von „toten Vögeln, die vom Himmel

fallen" ist in der Johannes-Offenbarung keine Rede – auch nicht in den sieben Plagen der Apokalypse.[58] Mit einiger Phantasie könnte man auf das vierte Kapitel des Buches Hosea verweisen: „Darum wird das Land dürre stehen, und alle seine Bewohner werden dahinwelken; auch die Tiere auf dem Felde und die Vögel unter dem Himmel und die Fische im Meer werden weggerafft."

Nun waren es zu Beginn von 2011 aber nur Vögel (und, zugegeben, einige Fische), die es „wegraffte" – und das ist gar nichts Ungewöhnliches. Solche Vorfälle mit Dutzenden bis Tausenden toten Tieren ereignen sich nahezu wöchentlich. Und haben etwas mit plötzlichen Kälteeinbrüchen, Hagelstürmen, heftigem Lärm, Traumata, Erschöpfung, Vergiftungen, Starkstromkabeln und ähnlichen Faktoren zu tun.[59]

Außergewöhnlich an den Geschichten ist nur, welche Aufmerksamkeit sie erlangten. Der Kulturwissenschaftler Robert Thompson von der Universität Syracuse meint, dass es vor fünfzig Jahren kaum jemand mitbekommen hätte, wenn irgendwo auf der Welt viele Vögel vom Himmel gefallen wären. Im Internet würden sich solche Nachrichten nun aber in Windeseile verbreiten, wenn sie spannend klängen. „Und seien wir ehrlich: Riesige Mengen von Vögeln, die vom Himmel fallen, oder Fischen, die mit dem Bauch nach oben schwimmen – das ist eine ziemlich fesselnde Geschichte."[60]

Stimmt. Und einfach zu gut, um sie zu ignorieren.

In der biblischen Tradition der Apokalypse geht es nie vorrangig um die dramatische Enthüllung eines Geheimnisses – sagen die Theologen.

„Denn ihr wisst weder den Tag noch die Stunde" – sagt die Bibel.

Aber sollte uns das wirklich vom Rätselraten abhalten? Ist es nicht irgendwie möglich, die unüberhörbare Mahnung „Ihr wisst weder Zeit noch Stunde" doch zu überhören?

Kein Problem.

Den Ausweg weist uns der bereits zitierte (atheistische?) Autor von „Kommt Jesus 2013?“ Er schreibt: „Viele Christen glauben, dass sich das Zweite Kommen Jesu nicht vorhersagen lässt. Als Beleg dafür werden mehrere Stellen des Neuen Testaments angeführt, denen zufolge Jesus in Bezug auf das Kommen des Reiches Gottes sagt: *Ihr wisst weder den Tag noch die Stunde* (z.B. in dem Gleichnis von den klugen und den törichten Jungfrauen, Mt 25,1–13.).

Bei genauerer Betrachtung zeigt sich allerdings, dass dieser Ausspruch gar nicht im Widerspruch zu den bisherigen Überlegungen steht, sondern sogar bemerkenswert gut damit harmoniert. Denn da wir nicht wissen, wann genau Süleyman der Prächtige den Befehl zum Wiederaufbau Jerusalems gegeben hat, sind wir in der Tat nicht in der Lage, den Tag oder die Stunde des Kommens Jesu zu berechnen, sondern die Erwartung bleibt ungenau.“

Also allenfalls „ungenau“. Aber keineswegs nicht vorhersagbar.

Das sehen die Betreiber des *Endzeitzeichen*-Portals genauso:[61] „Woher kommt überhaupt die Idee, dass wir uns nicht mit dem Zeitpunkt beschäftigen sollen? Es scheint so, als ob die Theologen, die die Gleichnisse Seines zweiten Kommens in Matthäus 24 und 25 falsch interpretiert haben, teilweise Schuld daran sind … So sind es in diesen Gleichnissen denn auch die Ungläubigen, die überrascht werden, und nicht die Gläubigen! […]

Ich habe in der Bibel keinen einzigen Vers gefunden, der es verbietet, zu spekulieren. Im Gegenteil, ich sehe, dass der Herr Jesus Christus die religiösen Führer Seiner Zeit tadelte, weil sie Ihn nicht erwartet hatten und aufmerksam waren. Er hat die Pharisäer kritisiert, weil sie nicht in der Lage waren, die Zeichen der Zeit zu sehen […].

Ich persönlich würde es viel lieber sehen, wenn sich die Gemeinde in einer lebhaften Diskussion über die Nähe der

Endzeitereignisse befinden würde, als einfach nur zu sagen, *niemand kennt den Tag oder die Stunde,* während wir unsere Köpfe in den Sand stecken. Welches Thema könnte in der heutigen Zeit wichtiger sein?"

Absolut richtig. Drücken wir also unbeirrt weiter auf der Tastatur unseres Endzeitrechners herum.

Zum Beispiel diese Reihe:[62] „Wenn ich in der Offenbarung des Johannes (8,8) wortwörtlich lese, dass etwas wie ein feuriger Berg (könnte das eine Bohrinsel sein?) ins Meer stürzt, dass Wasser sich wie Blut verfärbt und ein Drittel der Meerestiere verendet, dann zieht es mir ordentlich die Gänsehaut auf. Ich habe mir diese biblische Voraussage bisher nie wirklich vorstellen können. Doch jetzt kann man diese Bibelstelle wegen der Öl auslaufenden Giga-Umweltkatastrophe *[2010 im Golf von Mexiko durch die Ölplattform Deepwater Horizon; Anm. d. Autors]* etwas besser nachvollziehen ..."

Anmerkungen

[1] Zit. nach www.orf.at/stories/2036284/2036296 am 14. Januar 2011
[2] Mysteriöses Massensterben, *Spiegel-Online* am 5. Januar 2011
[3] 1000 Vögel in den USA tot vom Himmel gefallen, *Welt-Online* am 2. Januar 2011
[4] Warum massenhaft tote Vögel vom Himmel fallen, *Welt-Online* am 6. Januar 2011
[5] http://endzeitzeichen.blogspot.com
[6] http://endzeitzeichen.blogspot.com/2010/12/jahresruckblick-2010.html
[7] http://endzeitzeichen.blogspot.com/2010/12/finanzielle-erschutterungen-in-europa.html
[8] http://endzeitzeichen.blogspot.com/2010/12/sind-das-zeichen-der-zeit.html
[9] http://endzeitzeichen.blogspot.com/2010/09/matthaus-24-und-das-ende-ist-da-jesus.html
[10] Text nach www.bibel-online.net/text/luther_1912/offenbarung/21/
[11] Nach „Spirit&Light: Die Offenbarung der Offenbarung. Über das Datum des 21.12.2012", online unter www.spiritlight.de/2012/Offenbarung2012.htm
[12] ebenda
[13] Matthias Krause: Kommt Jesus 2013? Verblüffende Beobachtungen eines Atheisten. Volltext online unter http://kommt-jesus-2013.de/Kommt_Jesus_2013.pdf
[14] Zit. nach Michael Drosnin: Der Bibel-Code. Heyne-Verlag, München 1997
[15] ebenda
[16] ebenda
[17] Volltext unter www.christliche-autoren.de/jesus_kommt.html
[18] http://entrueckung.de/
[19] http://www.wahrheiten.org/blog/2010/09/22/zurueckgelassen-im-chaos-wer-nutzt-die-letzte-chance-teil-1/
[20] Deutscher Titel: „Finale – Die letzten Tage der Menschheit", Blanvalet Taschenbuch Verlag
[21] Vgl. Bernd Harder: Elvis lebt! Lexikon der unterdrückten Wahrheiten. Herder-Verlag, Freiburg 2010
[22] http://endzeitzeichen.blogspot.com/2010/09/wie-nahe-ist-die-entruckung_5216.html
[23] http://endzeitzeichen.blogspot.com/2010/09/die-letzten-tag-der-erde.html

24 http://www.endzeitzeichen.org/Der%20Antichrist%20und%20Herr%20Obama.pdf

25 www.focus.de/politik/ausland/erste-audienz-papst-redet-obama-ins-gewissen_aid_415900.html

26 Manfred Böckl: Malachias. Blick in die Zukunft. Südost-Verlag, Waldkirchen 1998

27 Zit. nach www.phil.uni-passau.de/histhw/TutKrypto/tutorien/papstweissagungen.htm

28 Papst Benedikt XVI. und der „Ruhm des Ölbaums".
Wird der neue Pontifex die Zeitschleife von Fatima schließen?
Online unter www.fosar-bludorf.com/benedikt/index.htm

29 www.devilsfinalbattle.com/ger/ch11.htm

30 Michael Hesemann: Geheimsache Fatima. Bettendorf-Verlag, München 1997

31 Zit. nach www.30giorni.it/te/articolo.asp?id=14989

32 http://www.kath.net/detail.php?id=30617

33 Hansjörg Hemminger: Seher, Schwärmer, Bibeldeuter. GTB-Taschenbuch, Gütersloh 2001

34 Damian Thompson: Das Ende der Zeiten. Claasen-Verlag, Hildesheim 1997

35 Grazyna Fosar/Franz Bludorf: Zeitfalle: Der Code der Weltgeschichte. Michaels-Verlag, Peiting 2005

36 Carsten Peter Thiede: Bibelcode und Bibelwort. Brunnen-Verlag, Basel 1998

37 Drosnin, 1997

38 Assassinations Foretold in Moby Dick, online unter
http://cs.anu.edu.au/~bdm/dilugim/moby.html

39 Klaus Schmeh: Gibt es versteckte Botschaften in der Bibel? *Skeptiker* Nr. 3/2006

40 Gestorben 2004

41 Werner Gitt: Fragen, die immer wieder gestellt werden. Christliche Literatur-Verbreitung, Bielefeld 1998

42 Gitt, 1998

43 Klaus Schmeh: Planeten und Propheten. Alibri-Verlag, Aschaffenburg 2006

44 Schmeh, 2006

45 Hemminger, 2001

46 Reinhard Hempelmann: Wehen der Endzeit. In: H. Gasper/F. Valentin (Hrsg.): Endzeitfieber. Herder-Verlag, Freiburg 1997

47 The Hal Lindsey Report, online unter www.hallindsey.com/

[48] Zit. Nach www.payer.de/fundamentalismus/fundamentalismus 063.htm

[49] www.factum-magazin.ch/wFactum_de/aktuell/archiv_2008_2/ 2008_10_20_Hal_Lindsay_Obama.php

[50] Robert Fuller: Naming the Antichrist. The History of an American Obsession. Oxford University Press, 1996

[51] Hal Lindsey: Alter Planet Erde wohin? Im Vorfeld des Dritten Weltkriegs. Verlag Hermann Schulte, Wetzlar 1971

[52] http://propheticnews.net/content/category/1/1/50/

[53] www.hallindsey.com/the-hal-lindsey-report-352010/

[54] http://talkwisdom.blogspot.com/2007/08/words-of-daniel-finally-unsealed-by-hal.html

[55] http://www.stern.de/news2/aktuell/us-radiomoderator-nennt-erdbeben-in-japan-moegliche-strafe-gottes-1664196.html

[56] http://www.welt.de/vermischtes/weltgeschehen/article12876332/ Konservative-Protestanten-sehen-Apokalypse-in-Japan.html

[57] http://www.welt.de/vermischtes/weltgeschehen/article12895898/ Holocaust-Leugner-nennt-Japans-Leid-Strafe-Gottes.html

[58] http://de.wikipedia.org/wiki/Sieben_Plagen_der_Endzeit

[59] www.scienceblogs.de/astrodicticum-simplex/2011/01/ die-aufklarung-des-mysteriosen-vogelsterbens.php

[60] Forscher entzaubern Verschwörungstheorien, *Spiegel-Online* am 7. Januar 2011

[61] www.endzeitzeichen.org/Niemand%20kennt%20den%20Tag.pdf

[62] http://endzeitzeichen.blogspot.com/2010/09/umweltkatastrophen-allerlei.html

Nibiru:
Der Weltenzerstörer

Treffen sich zwei Planeten …

Millionen Menschen auf der ganzen Welt können über diesen Witz beim besten Willen nicht mehr lachen: Sagt der eine Planet zum anderen: „Und, wie geht's denn so?" Dieser entgegnet: „Ach, nicht so gut, habe gerade Homo sapiens." Darauf der andere: „Keine Angst, das geht vorbei."

Lustig? Nicht unbedingt.

Denn möglicherweise ist es tatsächlich bald vorbei mit der Menschheit. Denn *er* nähert sich unaufhaltsam. Nibiru ist im Anflug! Jener mysteriöse Himmelskörper, der vor 3600 Jahren schon für die zehn biblischen Plagen verantwortlich war. 2012 ist es wieder so weit. Dann wird der Weltenwanderer erneut Chaos und Zerstörung bringen.

„Warum lügen Sie? Er kommt. Und jeder weiß das!"

Seit einiger Zeit wird David Morrison, Senior-Fachkraft am NASA-Institut für Astrobiologie, mit solcherlei E-Mails geschmäht. Morrison betreibt die populäre Webseite „Ask an Astrobiologist"[1] und ist seltsame Fragen nach seltsamen Dingen wie Ufos oder Aliens gewohnt. Als vor zwei, drei Jahren die Zahl der Auskunftssuchenden plötzlich explodierte, glaubte der Astronom noch an einen kurzlebigen Internet-Hoax[2] als Ursache. Doch schnell wurde ihm klar, dass die Leute es ernst meinten. Todernst sogar.

„Ich kann nicht mehr schlafen, ich mache mir wahnsinnige Sorgen – ich will nicht sterben!" war nur eine von zahllosen besorgniserregenden Nachrichten in seinem elektronischen Postfach. Morrison versicherte den Schreibern, dass kein Planet namens Nibiru existiere und schon gar nicht auf die Erde zurase. Vergebens.

„Hören Sie endlich auf, die Unwahrheit zu propagieren", forderte eine neuerliche E-Mail-Flut den Space-Experten auf. „Sie gefährden damit das Leben meiner Familie. Wenn die NASA das so massiv leugnet, dann muss etwas dran sein!"

Klingt vernünftig. Denn was wissen schon Wissenschaftler?

Ganz offenkundig nicht das, was der unorthodoxe Altertumsforscher Zecharia Sitchin bei der Übersetzung von alten Keilschrift-Texten der Sumerer zutage förderte: In seinem Buch „Der zwölfte Planet"[3] legte Sitchin Beweise dafür vor, dass die Erde in vorgeschichtlicher Zeit von Außerirdischen besucht wurde.

Genauer gesagt: von den Annunaki, Bewohner des Planeten Nibiru. Vor Äonen ist dieser Himmelskörper (manchmal auch „Marduk" genannt) in unser Sonnensystem eingedrungen. Zu den wichtigsten Eckdaten Nibirus gehören eine Umlaufzeit um die Sonne von etwa 3600 Jahren und eine untypische, extrem elliptische Bahn.

Vor zirka 450 000 Jahren begann sich die lebensnotwendige Atmosphäre des Planeten zu zersetzen. Nur das Edelmetall Gold eignete sich als Reparaturmaterial – und eben dieses war knapp auf Nibiru. Also suchten die Nibiruaner/Annunaki die übrigen Planeten nach dem kostbaren Rohstoff ab. Und wurden fündig auf unserer Erde, unter anderem in Südafrika.

Im sumerischen Raum, im Zweistromland, errichteten die Extraterrestrischen Raumhäfen und Basen. Belege für die Besuche der Fremden finden sich auf Rollsiegeln der Sumerer sowie in religiösen Texten, etwa im Buch Genesis des Alten Testaments. Die Bibel benennt diese Götter aus dem All „Nephilim": „In jenen Tagen gab es auf der Erde die Riesen, und auch später noch, nachdem sich die Gottessöhne mit den Menschentöchtern eingelassen und diese ihnen Kinder geboren hatten. Das sind die Helden der Vorzeit, die berühmten Männer." (Gen 6,4–5)

Wie ist das zu verstehen?

In der Lesart Sitchins so: Da die Annunaki Sklaven für die Arbeit in den Goldminen benötigten, optimierten sie mittels genetischer Experimente die Hominiden (Menschenaffen/Primaten). „Der Mensch ist das Produkt der Evolution", schrieb Sitchin. „Aber der moderne Homo sapiens ist das Ergebnis von Göttern." Von außerirdischen Göttern.

In der Folgezeit wurden die ursprünglichen Geschöpfe und Sklaven immer intelligenter und vermischten sich mit den Töchtern der Annunaki. Schließlich sei es zur Entstehung der frühen Hochkulturen gekommen – aber auch zu Intrigen und Auseinandersetzungen zwischen Aliens und Homo sapiens. Am Ende hätten die Annunaki sich wieder von der Erde zurückgezogen. Zurück auf ihren Planeten Nibiru, am äußersten Rand des Sonnensystems.

Wieso eigentlich spricht Zecharia Sitchin von Nibiru als dem „zwölften Planeten"? Schließlich gibt es in unserem Sonnensystem nur acht Planeten – was hieße, dass Nibiru der neunte sein müsste.

Die eigentümliche Zählweise ergibt sich Sitchin zufolge aus dem sumerischen Weltbild: Im Zentrum steht die Sonne (Apsu), dann kommen Merkur (Mummu), Venus (Lahamu), Erde (Ki), Mond (Kingu), Mars (Lahmu), Nibiru/Marduk, Jupiter (Kischar), Saturn (Anschar), Uranus (Anu), Neptun (Ea) sowie Pluto (Gaga). Für Sitchin gelten sowohl Pluto (seit 2006 nur noch ein „Kleinplanet") als auch der Mond als Planeten, da die Erde Letzteren in der Frühzeit des Sonnensystems eingefangen habe.

Beweise dafür, dass die Sumerer derart detaillierte Kenntnisse unseres Sonnensystems hatten, will Sitchin auf verschiedenen Fundstücken aus Mesopotamien entdeckt haben.[4] Dort ist auch die Rede von den Annunaki, Sumerisch für „Die, die vom Himmel auf die Erde kommen".

Alle 3600 Jahre nähert Nibiru sich der Erde. Und stets

bringt er Aufruhr mit sich, verursacht kleinere und größere Katastrophen. Der letzte Durchgang soll zu der Zeit erfolgt sein, da Moses den Auszug der Israelis aus Ägypten vorbereitete. Die zehn Plagen könnten also Begleiterscheinungen des Nibiru-Durchgangs gewesen sein.[5]

2012 soll es wieder einmal so weit sein. Nibiru wird die Erde heimsuchen und die Annunaki, Schöpfer und Herrscher der Menschen, kehren zurück. „Mit welchen Absichten, das bleibt völlig offen", merkt *Der 2012 Blog*[6] an.

Bleibt es nicht.

Denn es gibt jemanden, der Näheres dazu weiß. Eine Frau namens Nancy Lieder.

Bis 1995 war sie eine unauffällige Angestellte und Mutter aus Wisconsin. Doch dann machte Nancy Lieder mit spektakulären Enthüllungen auf sich aufmerksam: Der Planet Nibiru werde bald schon durch unser Sonnensystem donnern und nur knapp an der Erde vorbeischrammen.

Entwarnung? Keineswegs. Die Gravitation von Nibiru löst einen Polsprung aus, der die Erde um 180 Grad dreht. Die Folgen dieser plötzlichen katastrophalen Umpolung: eine Erhitzung des Erdkerns, kochende Meere, Verschiebungen der Kontinentalplatten, Erdbeben und Vulkanausbrüche. Kurzum: das Ende der Menschheit.[7]

Als Datum gab die Untergangsprophetin den 27. Mai 2003 an. Als nichts passierte, verlegte Lieder die Apokalypse durch den Himmelskörper auf „in den nächsten Jahren". Als Hotspot gilt nun Dezember 2012.

Woher weiß Nancy Lieder das? Aus zuverlässiger Quelle. Denn Lieder ist ein Channel-Medium, das als „geistiger Kanal" für den telepathischen Kontakt mit Bewohnern des Planeten Zeta (im Sternensystem Zeta Reticuli) fungiert. Auf der Internetseite *zetatalk.com* informieren die „Zetas" via Kanalarbeiterin Nancy Lieder die Menschheit über den Untergang der Erde, ausgelöst durch den besagten Polsprung.

Und nun? Was sollen wir tun?

„Liebe mag vor dem Polsprung aufblühen, wie es sollte", lautet die etwas kryptische Anweisung der Zetas:[8] „Jene mit großer Liebe in ihren Herzen antworten auf die Erkenntnis, dass wenig anderes zählt." Ersatzweise kann man auch eine „Survival Site CD" für $ 4,10 von einer verbandelten Organisation mit dem programmatischen Namen „Troubled Times Inc." erwerben. Oder eine Broschüre für $ 7,50. Oder eine „Broschüre-/CD-Kombination".

Gibt's für den Doppelpack wenigstens Rabatt?

Wem eine solche Frage auch nur in den Sinn kommt, der hat noch nicht den Ernst der Lage realisiert: „Der Polsprung geht uns *alle* an und *niemand* kann sich ihm entziehen!", grollt der Betreiber der deutschen *Zetatalk*-Präsenz. „Zetatalk wird bald eine der wichtigsten Websites im deutschsprachigen Internet werden. Es ist nicht einzusehen und es frustriert mich *sehr*, dass ich mich hier *immer noch* alleine abstrample! Bitte zeigt euch erkenntlich!"[9]

Unterstützung für ihre ebenso weltbewegende wie schwierige Mission findet Lieder zum Beispiel bei den „Raumbrüdern", die mit ihr „den Glauben an eine alte Götterrasse" aus dem Weltraum teilen. Im Impressum des Internet-Auftritts der „Raumbrüder" steht denn auch zu lesen: „Die Idee und die Gestaltung dieser Seite entstammt dem universellen Bewusstsein".[10]

Auf der Seite findet sich ebenfalls eine lange Abhandlung über Nibiru. Er soll allerdings ein Brauner Zwerg sein – also ein Mittelding zwischen Stern und Planet. Einer seiner Monde wird heuer von den Annunaki bevölkert.[11]

Diese humanoide Rasse (Mensch-Reptil-Hybriden) zeige sich in folgender Anmutung: „Sie sehen uns Erdenmenschen teilweise sehr ähnlich. Haarfarbe: blond bis schwarz, auch rot. Größe der Männer: zwei bis 2,20 Meter, Frauen 1,80 bis 2,20

Meter. Sie kommen aus dem Aldebaran-System im Sternbild Stier. Ihre Nachfahren sind in den Plejaden gesiedelt."[12]

Möglicherweise ist den Annunaki ihr Mond zu klein geworden, und sie denken nun daran, die Erde endgültig in Besitz zu nehmen. Und dabei lediglich einen winzigen Teil der Erdbevölkerung zu verschonen beziehungsweise in die achte, neunte oder irgendeine andere Dimension aufsteigen lassen. Vermutlich nur diejenigen, welche die „Survival Site Broschüre-/CD-Kombination" erworben haben. Ohne Ermäßigung.

Völlig klar, dass solcherlei Enthüllungen ein unvorstellbarer Schock für die Menschheit wären. Und deshalb geheim gehalten werden müssen. Aus diesem Grund hören wir von angeblichen Fachleuten (in Wahrheit: Verschwörern) wie David Morrison denn auch bloß die üblichen Beschwichtigungen.

In der zynischen Logik von NASA, UNO und Co. erscheint das durchaus verständlich, denn wenn tatsächlich ein Todesstern-ähnlicher Planet unser Sonnensystem kreuzt, dann dürften Probleme wie Klimawandel und Schuldenkrise bald sekundär sein. „Dann wird es nur noch um das nackte Überleben der Menschheit gehen. Klar, dass die Weltraum-Organisationen höhere Order haben und nur ihre eigenen Felle beziehungsweise die der Eliten ins Trockene bringen wollen ... Das Beispiel des Unterwasserhotels Hydropolis in Dubai ist vor diesem Hintergrund jedenfalls eine völlig neue (Über-) Lebensperspektive für so manchen Hotelgast."[13]

Bleibt allerdings die Frage: Wenn Nancy Lieder ihre Informationen über Nibiru aus erster Hand erhält (nämlich von galaktischen Nachbarn der Annunaki) – wieso ist der ursprünglich gechannelte Termin „Mai 2003" folgenlos verstrichen?

Auch das ist leicht zu erklären: Lieder wurde von der NASA erpresst und dazu genötigt, eine Falschinformation zu verbreiten, um so die Glaubwürdigkeit von Sehern, Propheten und anderen Medien auf lange Sicht nachhaltig zu beschädigen, erfahren wir zum Beispiel im Forum des Online-Portals *Planet X/Nibiru 2012*[14]: „Sie [*Regierungsorganisationen; Anm. d. Autors*] wollen uns sagen: ‚Schauen Sie sich diese verrückten Menschen an. Schau Dir all diese dumme Zeug an, das aus dem Internet kommt. Hören Sie besser uns zu, weil wir diejenigen sind, die Ihnen die Wahrheit sagen.'"

Aber was ist die Wahrheit? Und wo ist sie zu finden? Irgendwo da draußen, in unserem Sonnensystem, wo eine todbringende Gefahr sich längst auf den Weg zu uns gemacht hat?

Oder liegt die Wahrheit im Auge des Betrachters – in diesem Fall der Himmelsbetrachter? Denn die Crux mit allen Konspirationsmythen rund um den geheimnisvollen Planeten Nibiru ist die: „Da sitzen also rund um den Globus in jeder klaren Nacht Zehntausende von (nicht-professionellen!) Beobachtern und gucken in den Himmel", schreibt ein Kommentator[15] launig im deutschsprachigen Astronomie-Blog *Astrodicticum simplex*: „Einige Hundert bis einige Tausend scannen visuell und fotografisch riesige Himmelsareale ab, auf der Suche nach Kometen und Asteroiden. Mit läppischen Acht-Zoll-Teleskopen beobachtet man Quasare in kosmologischen Entfernungen. Aber dieser blöde Nibiru geht einem jedes Mal wieder durch die Lappen …"

Soll heißen: Wenn es Nibiru wirklich gibt – dann hat die NASA-Weltverschwörung jeden einzelnen Menschen, der weiß, wie man ein Aldi-Fernrohr bedient, fest im Griff.

Denn: Sofern Nibiru im Jahr 2012 die Erde fast touchieren sollte, müsste er sich mittlerweile längst in Bereichen aufhalten, wo er beobachtet werden kann. Und zwar nicht nur von professionellen Sternwarten, sondern auch von unzähligen Amateur-Astronomen, die den Nachthimmel absuchen und eine beeindruckende Bilanz für die Entdeckung von Kometen und Novas und von allem, was sich da oben tut, aufweisen.

Und die eben keiner Organisation angehören, nichts mit Geheimdiensten, Militärs, ESA, NASA oder sonst wem zu tun haben: „Wenn da irgendein Astronom etwas beobachtet, dann erfahren davon zuerst mal ein Haufen anderer Astronomen überall auf der Welt. Und nicht die Regierung. Da kann niemand was unterdrücken."[16]

Wirklich nicht? Was aber, wenn die Verschwörung ganz woanders ansetzt?

Stichwort Chemtrails: „Es gibt Leute, die blicken an sonnigen Tagen immer wieder sorgenvoll zum Himmel", schreibt beispielsweise das *Focus*-Magazin. „Zeigen sich dort bestimmte Kondensstreifen, steht für sie fest: *Sie* haben wieder gesprüht."[17]

Der Begriff „Chemtrails" leitet sich vom englischen „contrail" (Kondensstreifen) her. Anders als ein normaler Kondensstreifen soll ein Chemtrail jedoch Chemikalien enthalten, die entweder durch eigens an Flugzeugen angebrachte Düsen versprüht oder aber dem Treibstoff zugesetzt werden.

Chemtrails „lösen sich angeblich nicht auf, sondern bleiben in der Luft hängen, wobei sie oft perlschnurartige Ausbuchtungen bilden und sich fächerförmig verbreitern", heißt es im *Focus* weiter: „Vielfach zeichnen kreuzende Chemtrails ein Gittermuster ins Himmelsblau. Am Ende quellen sie zu eigenartigen Wolkenformationen auf, bevor sie zu einem diffusen Nebel verschmelzen. Solche Streifen sollen früher (in Deutschland vor dem Jahr 2000) nicht beobachtet worden sein, auch auf alten Fotos seien sie nicht zu finden."

Was hat das zu bedeuten?

Bislang sind Konspirologen mehrheitlich davon ausgegangen, dass mit Hilfe der chemischen Kondensstreifen entweder ruhigstellende Drogen ausgesprüht oder unbekannte Medikamente getestet oder heimliche Massenimpfungen durchgeführt oder todbringende Bio-Kampfstoffe freigesetzt werden, die die Weltbevölkerung um zwei bis vier Milliarden Menschen reduzieren sollen. Oder dass es sich um ein Geheimprojekt zur Geburten- und/oder Gedankenkontrolle handelt. Oder dass Chemtrails irgendwas mit der Erderwärmung machen sollen.[18]

Womöglich stimmt das aber gar nicht. Mittlerweile wird in einschlägigen Foren[19] diese Variante diskutiert: „Also ich kann mir vorstellen, dass die Chemtrails wegen Nibiru gestreut werden. Das Sonnenlicht kommt nicht mehr richtig durch, Nibiru wird dadurch nicht richtig sichtbar. Die Regierung will, so lange es geht, verhindern, dass wir ihn sehen, darum auch seit einiger Zeit diese Chemtrails."

Nun ja, dann würde man aber gar keine Sterne mehr sehen – was offensichtlich nicht der Fall ist. Zumal Nibiru eines der hellsten Objekte am Nachthimmel sein müsste.

Andere Möglichkeit: Nibiru ist unsichtbar und wird deswegen von Astronomen nicht wahrgenommen. Seltsamer Gedanke? Kann schon sein. Aber dem Ansehen der Brüder Grimm hat es auch nicht geschadet, dass nicht ganz klar ist, wie der Wolf Rotkäppchen und die Großmutter verschlucken konnte, ohne sie zu zerkauen. Antworten sind nicht unbedingt vorgesehen. Der Konspiratismus will verkünden, nicht diskutieren – ohne Interesse an einer kritischen Auswertung der Belege.

Und die zeigen in diesem Fall eindeutig: Es gibt auch keinen unsichtbaren Planeten Nibiru.

Wieso nicht? „Ein Himmelskörper macht sich ja nicht nur durch sein Licht bemerkbar", erklärt der Astronom Dr. Florian Freistetter, „sondern auch durch seine Gravitation." Heißt: Auch für Planeten gibt es Regeln: „Die Planeten können sich nicht einfach irgendwie durch den Weltraum bewegen, auf einer beliebigen Bahn und mit beliebiger Geschwindigkeit. So wie alles andere im Universum müssen auch sie sich an die Naturgesetze halten."[20]

Um die Erdbahn bedrohlich zu beeinflussen oder gar durch seine Gravitationskraft auf der Erde Naturkatastrophen auszulösen, müsste Nibiru unserem Blauen Planeten außerordentlich nahe kommen. Die Existenz eines solchen Gestirns in unserem Sonnensystem widerspricht aber allen Gesetzen der Himmelsmechanik. Wenn es sich bei Nibiru nämlich um einen Planeten mit der ihm nachgesagten vier- bis achtfachen Erdmasse handelt, der eine stabile Bahnführung besitzt und der alle paar tausend Jahre an uns vorbeirauscht, dann müsste seine Umlaufbahn die Bahn der anderen Planeten in unserem Sonnensystem regelmäßig kreuzen.

Und das wäre keinesfalls unbemerkt geblieben, denn ein Objekt von solcher Größe würde mit anderen Himmelskörpern massiv wechselwirken und zum Beispiel verhindern, dass die übrigen Planeten sich auf stabilen, annähernd kreisförmigen Bahnen um die Sonne bewegen: Nibiru hätte Uranus, Neptun und Co. längst aus unserem Sonnensystem hinausgekegelt – oder aber bei Kollisionen zerstört. Es ist extrem unwahrscheinlich, dass etwa der Mond immer noch da wäre, wenn regelmäßig Nibiru vorbeikommen würde.

Dass aber nicht zuletzt auch Raumsonden regelmäßig punktgenau ihr vorausberechnetes Ziel erreichen, ist ein sehr starkes Indiz dafür, dass da draußen kein gewaltiger Störfaktor namens Nibiru existiert.

„Würden wir bei dieser Rechnung einen Planeten einfach ignorieren – zum Beispiel den Jupiter –, dann würde uns ein Teil der wirkenden Gravitationskraft entgehen und die Sonde würde nicht dort langfliegen, wo sie langfliegen soll", so Freistetter, der auch Betreiber des *Astrodicticum-simplex*-Blogs ist.[21] „Bewegen sich also die Himmelskörper nicht so, wie man es vorher berechnet hat, dann ist das ein Hinweis auf einen bisher nicht berücksichtigten Einfluss beziehungsweise einen bisher unbekannten Himmelskörper. Genau auf diese Art und Weise hat man im 19. Jahrhundert den Planeten Neptun entdeckt: Die vorherberechnete Bewegung des Uranus stimmte nicht mit der Realität überein und man hat daraus richtigerweise geschlossen, dass es noch einen weiteren Planeten geben muss."

Aber angenommen, Nibiru ist gar nicht so gewaltig, sondern bloß ein Kleinplanet? Dann hätte er nicht über Milliarden Jahre eine stabile Bahn bewahren können und der umgekehrte Fall wäre eingetreten: Die Heimat der Annunaki wäre von der Gravitationskraft der anderen Planeten vertrieben worden und irgendwo im Universum verschwunden.

Nächster Versuch: Nibiru hält sich gar nicht in unserem Sonnensystem auf, sondern schleicht sich aus den Tiefen des Alls heran, um im Dezember 2012 ganz plötzlich zu erscheinen, vielleicht gar mit Lichtgeschwindigkeit? Nette Idee, aber ziemlich absonderlich.

Erstens könnte Nibiru dann logischerweise früher ja noch nie dagewesen sein. Und zweitens bewegen sich die schnellsten Sterne, die wir kennen, lediglich mit 0,2 bis 0,5 Prozent der Lichtgeschwindigkeit.[22]

So weit, so gut. Einen Planeten namens „Nibiru" gibt es also nicht.

Oder vielleicht doch – und er heißt nur anders? Nicht „Nibiru", sondern ganz simpel „Planet X". Denn wie sonst kommt es, dass auch anerkanntermaßen seriöse Nachrichtenmedien immer mal wieder einen geheimnisvollen „Planet X" erwähnen?[23] Kaum verwunderlich also, dass dieses seltsame Faktum vielen Zeitgenossen große Sorgen macht.

Etwa einem Interessenkreis, der sich im Web-Portal *wer-kennt-wen.de* zusammengefunden und sich den Namen „Gruppe Roter Vollmond" gegeben hat. Dort diskutieren die Teilnehmer unter anderem solche Behauptungen: „Es gab ein offizielles Dokument ‚The search for planet X' der NASA. Und bereits 1983 berichtete die NASA in der *Washington Post* über eine Sichtung von Planet X, danach war Schweigen angesagt. Die Regierungen beziehungsweise Medien und NASA warnen die Bevölkerung nicht."[24]

Auch im Kommentarbereich von *Astrodicticum simplex*, wo Astronom Freistetter als deutsches Pendant zu NASA-Frontmann David Morrison hingebungsvoll gegen die Nibiru-Panik ankämpft, tauchen regelmäßig Verschwörungstheorien um „Planet X“ auf. Zum Beispiel: „Die moderne Bezeichnung für Nibiru ist Planet X. Er wurde 1983 vom IRAS-Team entdeckt und wird seitdem von der NASA totgeschwiegen beziehungsweise geheim gehalten, um auf der Erde eine Massenpanik zu vermeiden.“[25]

Was hat es mit mysteriösen Chiffren wie „IRAS“ oder „Planet X“ auf sich?

Letztendlich wenig.

Mit „Planet X“ wird in der Wissenschaft ein unbekannter Planet bezeichnet. Diesen Ausdruck gibt es seit dem 18. Jahrhundert, als man feststellte, dass anscheinend ein noch nicht entdeckter Planet die Bahn des Uranus beeinflusst. Dieser Himmelskörper wurde dann im 19. Jahrhundert tatsächlich ausfindig gemacht: Es handelte sich um Neptun. Seitdem ist „Planet X“ ein verbaler Platzhalter für eventuell vorhandene, aber noch nicht lokalisierte Planeten. Das IRAS wiederum war ein Satelliten-Weltraumteleskop, das nach Infrarotquellen im All fahndete und dabei jede Menge neue Objekte entdeckte.

„Nicht alle diese Infrarotquellen konnten gleich identifiziert werden“, schreibt Freistetter.[26] Eben dies war denn auch das Thema eines Artikels, der 1984 im der Fachzeitschrift *Astrophysical Journal* erschien: „Unidentified point sources in the IRAS minisurvey“.

Eine der wilderen Spekulationen über die Natur dieser unidentifizierten Infrarotquellen fand ihren Weg in die Medien – und floss schließlich auch in den berüchtigten *Washington Post*-Artikel ein, der von Nibiru-Phobikern immer wieder angeführt wird: „The most fascinating explanation of this mystery body, which is so cold it casts no light and has never been seen by optical telescopes on Earth or in space, is that it is a giant gaseous planet as large as Jupiter and as close to Earth as 50 trillion miles."

Nachfolgebeobachtungen zeigten allerdings, dass es sich bei den okkulten Infrarotquellen lediglich um weit entfernte Galaxien handelt. IRAS fand – „leider" – keine neuen Planeten. Die Literaturdatenbank ADS (Astrophysical Data System) weist zwar annähernd 120 wissenschaftliche Artikel aus, in denen „Planet X" schon im Titel vorkommt – allerdings eben nicht als Synonym für den weltzerstörenden Nibiru.

Haben die Kritiker der „Treffen sich zwei Planeten"-Panik mithin Recht, wenn sie konstatieren: „Nibiru wird nur als Goldesel beziehungsweise Ich-mach-mich-Wichtig verwendet!"[27] Es deutet zumindest alles darauf hin.

Gehen wir zurück zum Ursprung des Nibiru-Mythos. Zecharia Sitchins, der 2010 verstarb, war weder anerkannter Orientalist noch „Sumerologe", sondern ein populärer Prä-Astronautik-Schriftsteller im Gefolge Erich von Dänikens.

Wie kam der vorgebliche „Altertumsforscher" auf seine spektakulären Auslegungen der Archäologie des Zweistromlands? Durch schlichte Fehler und Irrtümer, ist nicht nur der Physiker Dr. Markus Pössel vom Max-Planck-Institut für Astronomie (Heidelberg) überzeugt.

Wie Sitchin Sumerisch und Akkadisch instrumentalisierte – die für die Frühgeschichte des Orients wichtigsten Sprachen –, verdeutlicht Pössel an einem sehr plastischen Beispiel. Stellen wir uns vor, ein Austauschstudent aus China, der sowohl die deutsche wie auch die englische Sprache erst auf Anfängerniveau beherrscht, legt seiner Sprachlehrerin folgenden kurzen Aufsatz über eine Begebenheit in seiner Gastfamilie vor:

„Als Peter (‚Der ein Haustier ist') mit seinem Lastwagen (‚seinem letzten Wagen') gefahren war, traf er Annegret (‚Ein Fischreiher'). Er fragte sie, ob sie auch schon das neueste Buch von Zecharia Sitchin (‚Der auf seinem Kinn sitzt') gelesen habe. Sie verneinte, erwiderte aber, Karin (‚Die im Auto ist') habe es bestimmt gelesen."

Nach einem Moment der Verblüffung wird deutlich, dass der Verfasser hier Wörter und Eigennamen übersetzt, indem er die deutsche und englische Sprache wild durcheinanderwirft. Man müsste dem Studenten also erst einmal erklären, dass man zum Beispiel die einzelnen Silben eines Wortes nicht wahlweise auf Deutsch oder auf Englisch wiedergeben kann.

Denn ein „Lastwagen" ist und bleibt nun mal ein Lastwagen – und kein „letzter" (last) Wagen. Und natürlich ist auch ist die Aussprache von „Last" (deutsch) und „last" unterschiedlich: Obwohl beide Wörter identisch geschrieben werden, ist im ersten Fall das „a" kurz, im zweiten Fall lang.

Auch die differierende Grammatik des Deutschen und des Englischen lässt unser Student völlig außer Acht, denn nur so kann er dem Namen „Peter" die Bedeutung „Er ist ein Haustier" geben – indem er das englische Substantiv „pet" (Haustier) mit dem deutschen Personalpronomen „er" kombiniert („pet-er").

Mit der Orthografie nimmt der Autor es ebenfalls nicht allzu genau. So ist „ein Fischreiher" im Englischen zwar „an egret", bloß mit „Annegret" hat das nichts zu tun, was allein schon durch das zweite „n" im weiblichen Vornamen deutlich wird. Ebenso wenig ist unsere deutsche „Karin" klanglich eine Frau „im Auto" („car in").

„Genau so", erklärt Pössel, sei der Autor Zecharia Sitchin mit der sumerischen und der akkadischen Sprache umgegangen.[28] Und auf diese eigentümliche Art und Weise fand Sitchin in den Überlieferungen der Sumerer alles, was er finden wollte.

Dass Sitchin sich eher als prähistorisch orientierter Science-Fiction-Autor betätigte denn als Wissenschaftler, wird in zahllosen Passagen seines Gesamtwerks deutlich. Etwa zu den Anfangstagen der Annunaki auf Erden[29]:

„Die Annunaki arbeiteten schwer. [...] Vierzig Perioden

lang, das heißt, während vierzig Umläufen ihres Planeten vor 144 000 Erdenjahren. […] Ununterbrochen arbeiteten die Annunaki, Tag und Nacht erlitten sie Mühsal. Während die Schächte immer tiefer und die Plackerei immer schlimmer wurde, beklagten sie sich, murrten hinter vorgehaltener Hand im Bergwerk."

Aber dann: „Die Annunaki, die in den Goldminen arbeiten, meutern. Enki und Ninharsag erschaffen durch genetische Manipulation mit einem weiblichen Affenmenschen die primitiven Arbeiter, die die Schwerarbeit der Annunaki übernehmen. Enlil überfällt die Minen und verschleppt diese Arbeiter nach Mesopotamien. Sie erhalten die Fähigkeit, sich fortzupflanzen, und der Homo sapiens beginnt sich zu vermehren."

„Eine amüsante Geschichte", urteilt der Prä-Astronautik-Kritiker Dr. Klaus Richter, „der jeder Bezug zur Realität fehlt." Weshalb?

„Noch im vergangenen Jahrhundert", holt Richter aus,[30] „fand man in Südafrika (hier siedelt Sitchin seine Goldminen an) Gold an der Erdoberfläche, andernfalls hätte es in den 1880er-Jahren keinen Goldrausch in Südafrika gegeben […].

Wo ist die Logik, wenn den Annunaki erst nach 144 000 Jahren dämmert, dass sie eigentlich den Menschen als Arbeitssklaven schaffen können, und warum murren sie über die Abbauarbeit, wo ihnen doch als hochtechnisierten Außerirdischen entsprechende Mittel zur Verfügung gestanden hätten?

Wie kommt es, dass es heute noch große Goldvorkommen in Südafrika gibt, wenn doch der Mensch als Arbeitssklave der Annunaki 300 000 Jahre lang die Goldvorkommen geplündert hat? Und: Wo sind die Spuren der damals angelegten Bergwerke? Sie müssten doch heute noch zu sehen sein, das Gelände müsste völlig durchwühlt sein."

Und nicht nur das: Sitchin entwirft ein Bild zur Entstehung des Menschen, das völlig von den Erkenntnissen der modernen Paläoanthropologie abweicht: „Der Homo sapiens entstand vermutlich vor etwa 110 000 Jahren in Südafrika aus dem Homo erectus und bewegte sich von dort im Laufe der Jahrzehntausende nach Nordafrika, Europa (wo er auf den Neandertaler traf), nach Asien, Ozeanien und Amerika. Bislang gibt es keine ernstzunehmenden Hinweise auf außerirdische Eingriffe in die menschliche Evolution."

Richters Fazit: Sitchin erfinde Rätsel, „wo es keine Rätsel gibt, damit er sie dann im Sinne seiner Theorie lösen kann". Das ist alles.

„Nibiru" ist und bleibt somit lediglich der Name einer Gottheit aus der sumerisch-babylonischen Mythologie. Sehr wahrscheinlich ein Sonnengott, denn „Neb-Heru" bedeutete beispielsweise bei den alten Ägyptern so viel wie „Herr der Sonne". Erst Zecharia Sitchin hat daraus mit viel Phantasie und exzentrischen archäologischen Interpretationen einen zerstörerischen Himmelskörper auf Beinahe-Kollisionskurs mit der Erde gemacht.

Aber passen dazu nicht augenfällig die vielen Naturkatastrophen, von denen unser Planet in jüngster Zeit heimgesucht wird? Vor allem Erdbeben, wie die Japan-Katastrophe vom März 2011, die sogar zur Verschiebung von Landmassen und Erdachse geführt hat?

Nein, denn die Erdachse verschiebt sich ständig und aufgrund zahlreicher Einflüsse – nicht nur bei Erdbeben. Dabei geht es übrigens um die Schwereachse, nicht um die Nord-Süd-Ausrichtung, und das hat etwas mit dem Trägheitsmoment der Erde zu tun. Kurz gesagt ändert sich die Schwereachse immer dann, wenn Masse umverteilt wird. Und das passiert auch schon zum Beispiel bei einer Schneeschmelze größeren Ausmaßes.

Ein nicht existierender Planet ohne jeglichen gravitativen Einfluss auf die Erde dagegen kann keine Erdbeben hervorrufen.

Zumal in der Liste der stärksten Erschütterungen, die man seit 1900 gemessen hat, das Japan-Beben Platz fünf einnimmt. Aus rein geophysikalischer/seismologischer Sicht sind dessen

Auswirkungen nicht als außergewöhnlich zu betrachten. (Was das Leid der Opfer natürlich keinesfalls geringer macht.)

Möglicherweise liegt der Science-Blogger Dr. Florian Freistetter also nicht ganz falsch, wenn er feststellt: „Da auf der Erde immer etwas passiert und wir dank Internet und hautnaher Medienberichterstattung immer mitten drin stecken, haben wir vielleicht das Gefühl, es wird alles immer schlimmer. Wenn dann auch noch gerade mal wieder eine Weltuntergangshysterie grassiert, ist das nicht unbedingt hilfreich."[31]

Und die Zeta-Talkmasterin Nancy Lieder?

Üblicherweise lassen sich weder gechannelten Jenseits- noch „Jenseits des Weltalls"-Botschaften höhere oder außergewöhnliche Einsichten entnehmen. Die „Troubled Times"-Topics (von „Aids" und „Annunaki" über „Planet X Denial" bis zu „Wordwide Infertility"), die Lieder auf ihrer Seite *zetatalk*[32] auflistet, stellen bestenfalls eine inhaltliche nur lose verbundene Abfolge äußerst simpler, vager und sich ständig wiederholender Ideen und Gedankenfragmente dar.[33]

Hinter den „Botschaften" von Aliens oder anderen höheren Wesenheiten verbergen sich wohl nichts anderes als unterbewusste, verdrängte oder abgespaltene Anteile des eigenen Seelenlebens des „Mediums". Nach Ansicht von Psychologen beruht das Phänomen des Channelings auf einer Art Trance, die entweder per Selbst- oder Fremdhypnose hervorgerufen wird. Dabei verengt sich das Wahrnehmungsfeld, während zugleich eine enorme Phantasietätigkeit freigesetzt wird.

„Volltrance-Medien" sind sich ihrer Durchsagen meist nicht bewusst – weisen allerdings aber auch „durchwegs die Charakteristika schwerer schizophrener Persönlichkeitsstörungen auf", urteilt Colin Goldner vom „Forum Kritische Psychologie".[34]

Auch im Kommentarbereich des mehrfach erwähnten Wissenschafts-Blogs *Astrodicticum simplex* meldete sich im Verlauf einer Diskussion zu 2012 ein angebliches Channel-Medium mit „Botschaften" von Aliens – ob authentisch oder als Gag, war nicht ganz eindeutig.

Gefragt nach einem knappen Beweis für die Goldbach'sche Vermutung – ein ungelöstes mathematisches Rätsel –, antwortete das übernatürliche Geistwesen äußerst diplomatisch: „Zahlenmeister wie du haben bei uns keine Bedeutung. Wir müssen keine Strecken ausrechnen oder etwas bauen, um zu reisen, wir reisen einfach [...]. Zahlen haben keine Bedeutung, es sind Dinge, die nicht da sind, die nicht existieren. Willst du wissen, was eine Primzahl in der vierten Dimension ist? Bevor ich dir das sage, musst du mir beweisen, dass du das Schema der vierten Dimension begreifen kannst, sonst kannst du auch mit den weiteren Erklärungen nichts anfangen."

Übersetzt heißt das vermutlich: Planet X – wird wohl nix.

Geschäftemacher (aber auch ehrlich Besorgte) legen trotzdem weiter nach. Und präsentieren jede Menge Beweisfotos und Filme vom herannahenden Nibiru, etwa beim Video-Portal *youtube*. Oder sollten das alles ganz normale atmosphärische Effekte, Sonnenreflexionen und Kameraartefakte sein?

Fragen wir noch einmal den Doktor der Astronomie Florian Freistetter: „Wie bei den Unmengen an angeblichen Aufnahmen von außerirdischen Raumschiffen gibt es natürlich auch jede Menge Bilder von Planet X, die in Wahrheit einfach nur Venus, Jupiter oder einen anderen hellen bekannten Planeten zeigen. Viele Leute haben eben einfach zu wenig Ahnung von den Dingen am Himmel, und wenn dann Planeten wie Jupiter und Venus prominent und extrem hell in der Abend- oder Morgendämmerung zu sehen sind, wissen viele nicht, was sie davon halten sollen, und denken, sie hätten Planet X gesehen."

Nun behaupten indes nicht wenige Nibiru-Fans, der Himmelskörper verstecke sich hinter der Sonne (was himmelsmechanisch gar nicht möglich ist, aber egal). Deshalb solle man die Sonne fotografieren/filmen – und dann sehe man endlich Nibiru auf den Bildern/Clips, so wie sie in allen möglichen Blogs und Foren ausgestellt werden.

Auch das ist Unsinn: „Wenn ich eine so helle Lichtquelle wie die Sonne fotografiere und keine speziellen Vorkehrungen treffe, dann stehen die Chancen nicht schlecht, dass am Ende auf meinen Bildern diverse interne Reflexionen der Kamera-Optik zu sehen sein werden", sagt der Astro-Experte. „Es muss ja nicht einmal die Sonne sein – jede helle Lichtquelle reicht aus, um solche Reflexionen zu bekommen. Man findet sie auf Unmengen Amateuraufnahmen, aber die Wenigstens halten solche Lichtflecken gleich für unbekannte Planeten."

Neben solchen optischen Effekten (von lästigen technisch bedingten Artefakten des CCD-Chips moderner Digitalkameras, von Hotpixel[35] und Deadpixel[36], wollen wir erst gar nicht anfangen) gebe es noch einige atmosphärische Phänomene, die den Anschein erwecken könnten, dort wäre ein unbekannter Himmelskörper. Zum Beispiel eine sogenannte Nebensonne. Diese kommt zustande, wenn Sonnenlicht durch Eiskristalle in der Luft gebrochen und gespiegelt wird, was dazu führt, dass links und/oder rechts neben der Sonne helle Phantomsonnen sichtbar werden[37].

Haben wir nun sämtliche Anhaltspunkte bezüglich der realen Existenz eines Planeten Nibiru abgearbeitet? Können wir endlich mit Sicherheit sagen, dass Nibiru lediglich die Heimat des Konjunktivs ist?

Nicht ganz. Bleiben immer noch die merkwürdigen blinden Flecken bei dem visuellen Google-Tool *google.sky*[38] oder dem *World Wide Telescope.*[39] Zensur? Oder bloß fehler- beziehungsweise mangelhafte Daten, die man leicht bei professionellen Astro-Datenbanken wie „Aladin"[40] überprüfen kann? Wenn Letzteres – dann hat Nibiru entweder eine absolut undurchdringliche Tarnvorrichtung aktiviert.

Oder es gibt ihn nicht.

Zumindest nicht als Planeten. Aber nicht umsonst hat Nibiru in Skeptiker-Kreisen den Spitznamen „Nie-gib-Ruh" weg. Vielleicht kommt er durch ein Wurmloch? Oder er dräut als gigantische kugelförmige Raumstation heran?[41] Oder als Asteroid?[42] Schließlich liest man immer mal wieder: „Nibiru ist übrigens entdeckt worden und trägt normalerweise den Namen Eris."[43] Oder als Komet? Heißer Favorit ist das Himmelsobjekt C/2010 X1, genannt „Elenin".

Gewiss, das sind Strohmann-Argumente, denn die 2012-Freaks reden üblicherweise nicht von Ufos oder erdnahen Asteroiden, sondern von Planeten oder braunen Zwergen aus dem äußeren Sonnensystem. „Eris" gibt es übrigens tatsächlich – das ist ein Kleinplanet, der seine Runden im Kuipergürtel zieht, dem eisigen Geröllfeld an der äußeren Grenze unseres Sonnensystems. Und dort bleibt er auch. Harmlos.

Die Existenz von Wurmlöchern dagegen ist eine reine Hypothese. Dabei soll es sich um „Abkürzungen" zwischen verschiedenen Bereichen des Weltraums handeln. Ein anschauliches zweidimensionales Beispiel dafür wäre ein gefaltetes Blatt Papier, in das man ein Loch bohrt und so von einer Ecke des Blattes zur anderen kommt, ohne die ganze Länge des Blattes durchlaufen zu müssen. Für den dreidimensionalen Raum wäre Ähnliches aufgrund der Allgemeinen Relativitätstheorie möglich. Das Problem: Wenn das Universum gar nicht entsprechend gefaltet ist, sondern flach, dann kann es auch keine Wurmlöcher geben.

Asteroiden? Klar, können immer die Erde treffen. In fünf Minuten oder in fünf Jahren oder in fünf Jahrtausenden. Die meisten sind aber so klein, dass sie keine Gefahr darstellen. Und größere Brocken wären jetzt schon bekannt. So erwarten Astronomen etwa für den August des Jahres 2039 einen nahen Vorbeiflug des Asteroiden „1999 AN 10", der einen Durchmesser von über einem Kilometer hat.

Und Elenin? Was soll damit groß sein? Der minimale Abstand zwischen Elenin und der Erde beträgt 0,23 Astronomische Einheiten. Das sind 34 Millionen Kilometer beziehungsweise der 90-fache Abstand zwischen Erde und Mond.

Geben wir auf? Noch nicht.

Latest News vom Februar 2011 in der Tageszeitung *Die Welt*:[44] Astronomen glauben, dass es am alleräußersten Rand unseres Sonnensystems einen Riesenplaneten gibt, der bislang übersehen wurde. „Tyche", benannt nach der griechischen Schicksalsgöttin, ist so weit von der Sonne entfernt, dass er von außen nicht mehr beleuchtet wird – und andererseits als eiskalter Gasriese auch selbst kein Licht abstrahlt, so dass er buchstäblich im Dunkeln bleibt und mit normalen optischen Teleskopen nicht aufzuspüren ist.

Zwei amerikanische Astrophysiker namens John Matese und Daniel Whitmire von der Universität Lousiana schließen denn auch nur aufgrund von Bahndaten anderer Himmelskörper auf die Existenz ihres mysteriösen Großplaneten. Wie kommen die beiden darauf? Wegen der seltsamen Bahnen bestimmter Kometen. Diese kommen aus dem äußeren Bereich der „Oort'schen Wolke", benannt nach dem niederländischen Astronomen Jan Hendrik Oort.

Die Oort'sche Wolke ist eine Art kosmisches Trümmerfeld aus Gesteins-, Eis- und Staubbrocken. Dort lösen sich immer mal wieder größere Teile heraus und gelangen in den inneren Bereich des Sonnensystems. Allerdings auf einem eigenartigen Schleuderkurs, der mit der Gravitationskraft eines verborgenen Großplaneten wie Tyche seine Erklärung finden könnte.

Könnte. Andere Himmelsforscher halten die Existenz von Tyche vorerst für wenig mehr als eine „wunderbare Idee, auf jeden Fall untersuchungswert".[45] Möglicherweise wird es noch einige Jahre lang dauern, bis zum Beispiel aktuelle Daten des Weltraumteleskops „Wise" ausgewertet sind.[46] Derzeit haben wir die Situation, dass die Tyche-Existenz von theoretischen Überlegungen abgeleitet wird. Ob die stimmen, ist noch längst nicht erwiesen.

Das Entscheidende ist aber: Selbst wenn Tyche existiert, hat dieser Himmelskörper nichts mit dem Planeten Nibiru der 2012-Mystifizierer zu tun. Tyche wird immer extrem weit von der Sonne entfernt sein (etwa 15 000 Mal weiter als unser Planet) und sich nie auch nur annähernd in die Nähe des inneren Sonnensystems bewegen. Für die Erde macht es absolut keinen Unterschied, ob es den Gasriesen gibt oder nicht.[47]

So? Aber weshalb bereitet sich dann zum Beispiel Norwegen intensiv auf Planet X vor?

Im Internet kursiert[48] seit geraumer Zeit „A Letter from a Norwegian politician", in dem es heißt: „Ich bin ein norwegischer Politiker. Ich möchte gern sagen, dass schwierige Dinge zwischen 2008 und 2012 passieren werden. Die norwegische Regierung baut mehr und mehr unterirdische Basen und Bunker. Darüber befragt sagte sie, dies sei nur zum Schutz des Volkes in Norwegen. Israel macht dasselbe, und genauso viele andere Länder [...]. Der Planet X kommt und Norwegen hat damit begonnen, Ernährungsgüter und Saaten in der Svalbard-Gegend zu bunkern, ebenso im arktischen Norden mit Hilfe der USA und der EU, und überall im Lande. Sie werden nur diejenigen retten, die zur Machtelite gehören und wieder aufbauen können: Ärzte, Wissenschaftler usw. [...] Die Leute aus der Bevölkerung, die außen zurückgelassen werden und dem Tod ausgeliefert sind, werden keinerlei Hilfe bekommen. Der Plan ist, dass 2 Mio. Norweger in Sicherheit sein werden, der Rest wird sterben. Das heißt, dass 2,6 Mio. im Nichts verschwinden werden und nicht wissen, was dagegen zu tun ist."

Der Ursprung dieses „Briefes eines norwegischen Politikers" lässt sich bis zur berüchtigten Online-Plattform[49] „Project Camelot" zurückverfolgen, auf der sich verhaltensoriginelle Internet-Aktivisten treffen. Das Ganze ist denn auch wenig mehr als ein Hoax beziehungsweise eine Verschwörungstheorie, die auf einer fehlinterpretierten Pressemeldung basiert. 2007 berichtete unter anderem der *Stern*[50] von einem Bauprojekt in

Spitzbergen, das schnell als „Tresor des Jüngsten Gerichts" bekannt wurde.

Es ging darum, in einer alten Kohlemine drei Millionen Saatgutproben von Pflanzen einzulagern. Betrieben wird der „Svalbard International Seed Vault" (so die offizielle Bezeichnung) vom Global Crop Diversity Trust, zu Deutsch: Welttreuhandfonds für Kulturpflanzenvielfalt. Ziel der Stiftung ist es, den Pflanzen-Genpool der Erde langfristig zu bewahren – nicht zuletzt auch vor dem Hintergrund eines möglichen nuklearen Krieges oder des Einschlags eines Asteroiden.

Zuvörderst aber ist der Artenreichtum von Nutzpflanzen wie Mais, Reis, Weizen etc. zunehmend durch den Einsatz genetisch veränderter Samen und Pflanzen gefährdet. Der Svalbard International Seed Vault auf der Insel Svalbard (Spitzbergen) ist also eine Art Genbank, die als Sicherheitsreserve für bereits weltweit existierende Saatgut-Genbanken dient.

In dem zitierten Schreiben des anonymen „norwegischen Politikers" finden sich denn auch zahlreiche Fehler, was beispielsweise die Parlamentswahlen in Norwegen 2009 betrifft: „2009 wird es eine FRP-Regierung geben und Siv Jensen wird Staatsministerin = Regierungschef werden. Dies ist bereits bekannt. Es ist wichtig, dies zu verstehen. Die Wahlen sind alle Fakes, und dieselben Personen und Machteliten werden abwechselnd gewählt."

Das ist nachprüfbar unrichtig,[51] und nicht zuletzt aus diesem Grund können wir den „Brief eines norwegischen Politikers" getrost in den Reißwolf geben.

Aber irgendwie muss der Mythos Nibiru doch zu retten sein!

Und nicht nur wegen solcher schrägen Vögel wie die beiden Sektenmitglieder, die in Loriots „Papa Ante Portas" dem Hausherrn ihren überteuerten Kram aufschwatzen: „Nach Berechnungen des international anerkannten Professors Pirckheimer hat der Venusmond Tetra seine Umlaufbahn verlassen und rast auf die Erde zu. Das ist das Ende unserer Zivilisation.

Nur wer innerlich und äußerlich sauber ist, hat nichts zu befürchten. Diese handgefertigten Wurzelbürsten und diesen natürlichen Badezusatz könnte ich Ihnen für achtundzwanzig fünfzig überlassen."

Klar kann man darauf mit „Das kommt mir jetzt aber ungelegen" antworten – so wie im Film. Aber es hilft ja nichts. Wir müssen den Tatsachen ins Auge sehen, belehrt uns ein namenloser Kommentator[52] bei *Astrodicticum simplex*: „Glaubt, was ihr wollt. Die Hinweise sprechen für sich. Lasst euch nur weiter belügen! Im Endeffekt ist Nibiru das Beste, was der Erde passieren wird. Die Welt ist krank und der Mensch ist ihr Virus!"

Und damit sind wir wieder am Anfang.

Treffen sich zwei Planeten. Sagt der eine Planet zum anderen: „Und, wie geht's denn so?" Sagt der: „Ach, nicht so gut, habe gerade Homo sapiens." Darauf der andere: „Keine Angst, das geht vorbei."

Anmerkungen

[1] http://astrobiology.nasa.gov/ask-an-astrobiologist/

[2] Zu Deutsch: „Jux“, „Ente“, „Verarsche“

[3] Veränd. Neuaufl. im Kopp-Verlag, Rottenburg a.N. 2003

[4] Zit. nach Dr. Klaus Richter: Fehler und Fehlinterpretationen Zecharia Sitchins, online unter www.gwup.org/component/content/article/91-prae-astronautik/337-fehler-und-fehlinterpretationen-zecharia-sitchins

[5] www.gottwissen.de/goetter/nibiru.htm

[6] www.2012-blog.de/2012-theorien/nibiru-2012/

[7] Zit. nach http://einestages.spiegel.de/static/topicalbumbackground/5589/irre_geht_die_welt_zugrunde.html

[8] http://zetatalk.com/german/zetahome.htm

[9] Hervorhebung originalgetreu von http://zetatalk.com/german/zetahome.htm

[10] http://www.raumbrueder.de/#Impressum

[11] Kommentar im Forum von www.nexus-magazin.de/artikel/lesen/interview-mit-planet-x-forscher-marshall-masters: „Es gab in der Geschichte einen braunen Zwerg, der eine Katastrophe ausgelöst hat. Hieß der nicht Adolf Hitler?“

[12] http://www.raumbrueder.de/nibiru.htm

[13] Zit. nach http://planetx.blog.de/2009/11/18/planet-x-7405491/

[14] http://planetx.forenking.de/viewtopic.php?f=3&p=4162

[15] http://www.scienceblogs.de/astrodicticum-simplex/2009/06/nasa-und-nibiru.php#comment44152

[16] http://www.scienceblogs.de/astrodicticum-simplex/2009/06/nasa-und-nibiru.php

[17] www.focus.de/wissen/wissenschaft/klima/frage-von-m-baumann_aid_26819.html

[18] Vgl. Bernd Harder: Elvis lebt! Lexikon der unterdrückten Wahrheiten. Herder-Verlag, Freiburg 2010

[19] http://ufokontakte.forumieren.eu/t45-chemtrails-wegen-nibiru

[20] www.scienceblogs.de/astrodicticum-simplex/2009/09/warum-es-planet-x-nicht-geben-kann.php

[21] www.scienceblogs.de/astrodicticum-simplex/2010/10/die-sichtbarkeit-von-nibiru-wann-konnen-wir-planet-x-endlich-sehen.php

[22] www.scienceblogs.de/astrodicticum-simplex/2010/09/kann-uns-planet-x-im-jahr-2012-uberraschen.php

[23] Z.B. www.welt.de/wissenschaft/weltraum/article2170294/Unbekannter_Kleinplanet_im_Sonnensystem.html

[24] http://www.wer-kennt-wen.de/club/xgd5u710

[25] http://visionen.vi.funpic.de/nibiru.htm

[26] www.scienceblogs.de/astrodicticum-simplex/2009/10/die-2012faq-fragen-und-antworten-zum-weltuntergang.php

[27] http://www.scienceblogs.de/astrodicticum-simplex/2009/06/nasa-und-nibiru.php#comment46051

[28] Zit. nach www.mysteria3000.de/wp/2001/sitchin-und-die-altorientalischen-sprachen/

[29] Zecharia Sitchin: Die Kriege der Menschen und Götter. Kopp-Verlag, Rottenburg a.N. 2004

[30] Dr. Klaus Richter: Fehler und Fehlinterpretationen Zecharia Sitchins, online unter www.gwup.org/component/content/article/91-prae-astronautik/337-fehler-und-fehlinterpretationen-zecharia-sitchins

[31] http://www.scienceblogs.de/astrodicticum-simplex/2011/03/gibt-es-immer-mehr-erdbeben.php

[32] www.zetatalk.com/theword/tword232.htm

[33] Colin Goldner: Die Psycho-Szene. Alibri-Verlag, Aschaffenburg 2000

[34] www.fkpsych.de/

[35] Hotpixel sind Pixel, die nicht proportional auf die empfangene Lichtmenge reagieren, sondern heller leuchten, als sie sollten.

[36] Deadpixel bleiben einfach schwarz, liefern also keinerlei Bildinformation.

[37] www.scienceblogs.de/astrodicticum-simplex/2010/12/es-gibt-keine-bilder-von-planet-x-und-nibiru.php

[38] www.google.com/intl/de/sky/

[39] www.worldwidetelescope.org/Home.aspx

[40] www.astro.rub.de/hlist/links/aladin.html

[41] www.mysnip.de/forum-archiv/thema/250/735379/Neue+Beweise_+Nibiru+ist+eine+uralte+kugelfoermige+Raumstation_.html

[42] http://2012december.org/nibiru-planet-x-2012

[43] http://www.scienceblogs.de/astrodicticum-simplex/2009/01/kein-weltuntergang-am-21-12-2012.php#comment47859

[44] www.welt.de/wissenschaft/weltraum/article12586273/Riesenplanet-Tyche-geheimnisvoll-und-uebersehen.html

[45] ebenda

[46] http://www.independent.co.uk/news/science/up-telescope-search-begins-for-giant-new-planet-2213119.html
[47] Zit. nach www.scienceblogs.de/astrodicticum-simplex/2011/02/tyche-ein-bisher-unbekannter-planet-im-sonnensystem.php
[48] Z.B. http://pressemitteilung.ws/node/138207
[49] http://projectcamelot.org/norway.html
[50] www.stern.de/wissen/natur/artenvielfalt-der-samen-bunker-596602.html
[51] http://de.wikipedia.org/wiki/Parlamentswahl_in_Norwegen_2009
[52] www.scienceblogs.de/astrodicticum-simplex/2009/06/nasa-und-nibiru.php#comment127919

Der Maya-Kalender:
Countdown läuft

Jeden Tag rückt er dem mythischen Datum ein wenig näher: Im Dezember 2012 endet der berühmte Kalender der Maya. Und mit ihm die Welt überhaupt?

Viele sind sich jedenfalls sicher: Etwas wird passieren, wenn ein über 5000-jähriger Zyklus in der Zeitrechnung der untergegangenen Hochkultur ausläuft. Nur was – darüber sind sich Maya-Forscher, Weltuntergangspropheten, Zahlenmystiker, Esoteriker, Alien-Gläubige und Mystery-Fans bemerkenswert uneins.

Selbst die *Bild*-Zeitung – sonst immer für eine deftige Katastrophen-Schlagzeile gut – bleibt seltsam vage. „Geht die Welt unter? Oder beginnt ein neues großes Zeitalter?", fragte das Blatt mit den großen Buchstaben.[1] Und skizzierte drei Prognosen:

- Ein Sternentor öffnet sich in der Galaxis, als Eingangstor für außerirdische Zivilisationen.
- Eine weltweite Katastrophe (Kometeneinschlag oder Flut) gefährdet das Überleben aller.
- Aber auch: Aufstieg der Menschheit in eine höhere spirituelle Dimension, neuartige Erfindungen.

Bleiben wir bei Punkt eins: den Außerirdischen.

„Der Götterschock ist nur noch eine Frage der Zeit", ist der weltbekannte Prä-Astronautik-Forscher Erich von Däniken überzeugt.[2] „Die Außerirdischen werden wiederkommen, und ihre Präsenz wird unsere selbstgefällige Seele erschüttern." Und wann wird das sein? Der Titel des Däniken-Buches „Götterdämmerung: Die Rückkehr der Außerirdischen. 2012 und darüber hinaus" gibt bereits die Antwort. Zudem erklärt sich der Autor in zahlreichen Interviews.

Zum Beispiel mit dem Schweizer Online-Magazin *Seite3*:[3] „Es wird schon bald so weit sein, dass wir vor der größten Überraschung der Geschichte stehen werden: Wir sind nicht allein! Erich von Däniken ist nicht nur davon überzeugt, sondern er weiß es, dass die Außerirdischen schon in Kürze die Erde besuchen, am 23.12.2012 nämlich. Auch von Däniken stützt sich dabei auf den Maya-Kalender, der für dieses Datum eine Zeitenwende vorsieht, die von vielen als Ende der Welt betrachtet wird. Tatsächlich ist es vielleicht das Ende einer Zeit, in der man von der einzigartigen Existenz des Menschen im Universum ausging.

Erich von Däniken weiß: Sie haben in vielen Gegenden der Welt Zeichen gesetzt beziehungsweise durch den Menschen setzen lassen. Dazu gehören riesige Bauwerke, Zeichnungen in der Landschaft, gigantische Betonblöcke bei den Mayas mit korrekter Darstellung unseres Sonnensystems, inklusive Pluto, der ja erst im letzten Jahrhundert entdeckt wurde. Dies und noch viel mehr weise darauf hin, dass sie da waren. Und dass sie wiederkommen."

Aber wieso „Götterschock"? Auch darauf hat der eloquente Ex-Hotelier eine Antwort: „Es wird der jüngste Tag der Menschheit werden. Für die meisten Menschen bricht dann eine Welt zusammen." Auch wenn nicht wirklich die Welt untergeht, sondern bloß die Außerirdischen kommen.

Ein kleines Hintertürchen hält Däniken sich offen:[4] „Daran glaube ich weiter – vielleicht stimmt der Kalender nur nicht." Wenn aber der Maya-Kalender stimmt, dann steige am 23. Dezember 2012 der Gott „Bolon Yokte" zu uns hernieder – natürlich ein Alien.

Für diesen „Glauben" hat Däniken gute Gründe. Man könnte sagen: sensationell gute Gründe. Denn Maya-Relikte aus dem 7. Jahrhundert deuten wahrhaftig auf den Countdown-Endpunkt 2012 hin.

Das sogenannte Monument 6 wurde in den 1960er Jahren bei Bauarbeiten für eine Autobahn in Tortuguero (Südmexiko) gefunden. Die Inschrift auf den noch erhaltenen Teilen des steinernen Denkmals spricht von einem für 2012 erwarteten Ereignis, in dem Bolon Yokte eine Rolle spielt, ein mysteriöser Maya-Gott, der sowohl mit Krieg als auch mit Schöpfung in Verbindung gebracht wird. Erosion und ein Bruch im Stein haben das Ende der Textpassage jedoch fast unleserlich werden lassen.[5]

Experten übersetzen[6] die Stelle, die noch zu entziffern ist, mit „... Er wird vom Himmel heruntersteigen". Oder genauer „Der dreizehnte Bak'tun beendet sein wird an 4 Ajaw und 3 K'ank'in. Es wird stattfinden [...] der Abstieg des Gottes Bolon Yokte' K'uh nach [...]."[7]

Das Ende des „dreizehnten Bak'tun" markiert den Ablauf einer 5125-Jahr-Spanne im Kalender der alten Maya-Indianer. Umgerechnet auf unseren Kalender fällt dieser Zeitpunkt auf den 21. Dezember 2012.

Was also nahezu exakt der Lesart Dänikens entspricht.

Und er ist keineswegs der Einzige, der uraltes Maya-Wissen um die Zukunft mit den „Astronautengöttern" der Menschheit verknüpft.

Auch zum Beispiel der schottische Soziologe und Journalist Graham Hancock schaut sich seit vielen Jahrzehnten überall auf der Welt nach den „Fingerabdrücken der Götter" um – so der Originaltitel[8] seines 1995 erschienenen Weltbestsellers. Hancock geht davon aus, dass alle großen Monumente der Alten Welt – einschließlich der Sphinx und der Pyramiden in Ägypten und in Mittelamerika – von einer Kultur erbaut wurden, die unserer ebenbürtig war und vor 15 000 Jahren durch eine Naturkatastrophe plötzlich endete.[9]

Allerdings: Bevor sie ausstarben, konnten Angehörige dieser von „Göttern" angeleiteten Superzivilisation an ausgewählten Punkten auf der Welt Spuren für die Nachwelt hinterlassen.[10] Und in diesen verschlüsselten Zeichen und Botschaften geht es um nichts weniger als um besagte Katastrophe – beziehungsweise deren drohende Wiederholung. Aus verschiedenen Gründen glaubt Hancock, dass die wahrscheinlichste Zeit dafür das Jahr 2012 ist, das Zeitenende im Kalender der Maya.

Damit wären wir bei Punkt zwei der möglichen Szenarien:[11] „Eine weltweite Katastrophe (Kometeneinschlag oder Flut) gefährdet das Überleben aller."

Und wegen der grundsätzlichen Bedeutung dieser wenig hoffnungsvollen Vorstellung wollen wir im Folgenden eine kleine Exkursion zu den markantesten Schauplätzen unternehmen, die Graham Hancock als Beweise für seine These von der versunkenen Superzivilisation anführt, die einige Jahrtausende später in den Maya fortlebte.

Da ist zuvörderst die Sache mit der berühmten Karte des Piri Reis.

Die Ägäis und das Mittelmeer kannte der Seefahrer Piri Reis wie seine Westentasche. In seinem Handbuch „Kitabi Bahriye" beschrieb der türkische Admiral Mitte des 16. Jahrhunderts exakt die Küsten, Häfen, Strömungen und Untiefen seiner Heimatgewässer. Doch woher wusste Reis von der Antarktis?

Als im Jahr 1960 sich Charles Hapgood, Professor für Wissenschaftsgeschichte am Keene College in New Hampshire, über eine von Kapitän Reis gezeichnete Weltkarte beugte, geriet er fast außer sich vor Verblüffung. Nicht nur, dass diese die Atlantikküste Südamerikas mit erstaunlicher Genauigkeit zeigte; offensichtlich hatte der Seefahrer in der Marine des Ottomanischen Reiches um 1513 auch die Antarktis abgebildet – die erst 1819 offiziell entdeckt wurde.

Hapgood und seine Mitarbeiter kamen aus dem Staunen nicht mehr heraus. Denn die geografischen Details stimmten anscheinend genau mit dem Küstenverlauf vor der Vergletscherung des antarktischen Kontinents etwa 4000 v. Chr. überein. Kapitän Reis musste demnach eine eisfreie Antarktis vor Augen gehabt haben. Aber wie war das möglich?

Hapgood gab sich die Antwort auf dieses Rätsel selbst – und schockierte damit Archäologen und Historiker: Die Karte des Piri Reis, die man 1929 bei Katalogisierungsarbeiten im Topkapi-Palast in Istanbul entdeckt hatte, sei möglicherweise von den Seekarten einer frühen, untergegangenen Hochkultur kopiert worden.

Diesen Gedanken des Wissenschaftlers Hapgood machte sich der Journalist Graham Hancock flugs zu eigen. Auch der „Fingerprints oft the Gods"-Autor sieht hier ein eindeutiges Indiz dafür, dass Piri Reis die Karte von wesentlich älteren Karten einer verschollenen Superzivilisation abgezeichnet hat.

Oder verweilen wir kurz im Jahr 1992: Bei der Untersuchung einer 3000 Jahre alte ägyptische Mumie aus der 21. Dynastie findet die forensische Chemikerin Swetlana Balabanowa mittels Haar-Analysen Spuren von Kokain. Koka-Pflanzen wachsen vor allem in den Andenstaaten Kolumbien, Peru und Bolivien, nicht aber auf dem afrikanischen Kontinent. Gab es also ungeahnte Kontakte zwischen Amerika und Afrika, lange bevor Christoph Kolumbus die Neue Welt entdeckte?

Und weiter gefragt: Ist die Sphinx von Gizeh tatsächlich erst in der 4. Dynastie unter dem Pharao Chefren um 2700 v. Chr. erbaut worden? Wie sind dann aber die starken Erosionsschäden im Sockel der Löwengestalt zu erklären? Viel geregnet hat es in Ägypten nur in der Zeit vor 10 000 v. Chr. Folgt daraus, dass die Sphinx viel älter ist als bisher angenommen? Das wäre für die Geschichtsschreibung in etwa das, was Einsteins Relativitätstheorie für die bis dahin geltende Physik bedeutete.

In Mythologie, Archäologie und Geologie sucht Hancock Bruchstücke, die sich am Ende wie ein großes Puzzle zusammenfügen und eine neue Sicht der Vergangenheit rekonstruieren sollen: die Vorstellung nämlich von einer weit fortgeschrittenen Ur-Zivilisation in prähistorischer Zeit.

In Anlehnung an seinen Vordenker Charles Hapgood entwerfen Hancock und einige Follower dieses Modell möglicher Ereignisse: Vor 15 000 Jahren war die Antarktis noch keine Eiswüste, sondern ein Kontinent mit üppiger Fauna und bevölkert von einer Ur-Zivilisation mit fortgeschrittenen wissenschaftlichen, technischen und spirituellen Kenntnissen – der sich während dieser Zeit nicht am Südpol der Erde befand, sondern rund 3200 Kilometer weiter nördlich, im Einflussbereich eines gemäßigten Klimas.

Doch dann kam die Katastrophe. Eine „Polverschiebung" um 10 000 v. Chr. verrückte die Kontinente Tausende Kilometer weit. Die Antarktis verlagerte sich in Richtung Südpol und kühlte allmählich ab, bis ihre blühende Kultur durch Erdbeben und Flutkatastrophen ausgelöscht und unter einer dicken Eisschicht begraben wurde. In den Antarktis-Kolonien jedoch (Ägypten, Mittel- und Südamerika) gab es Überlebende. Diese lehrten die dortigen antiken Kulturen, gigantische Bauwerke zu errichten.

Die traditionelle Geschichtswissenschaft datiert dagegen die ersten Staatengebilde auf 3200 bis 2800 v. Chr., als zwischen Mittelmeer und Persien durch Zusammenschlüsse Stadtstaaten mit einem König oder Priesterkönig an der Spitze entstanden. Als erste Hochkultur werden die Sumerer um 3000 v. Chr. im Süden Mesopotamiens angesehen. Oder ist die Chronologie der menschlichen Vergangenheit falsch?

Wenn dem so ist, dann ist auch davon auszugehen, dass sich die nächsten unheilverheißenden Daten bereits in der Warteschleife befinden. Zwar stellt Hancock in seinem Weltbestseller keinen direkten Zusammenhang zwischen den Maya-Überlieferungen und einer „Polverschiebung" her. Allerdings spricht er von einer „geologischen Katastrophe", die sich „tief im Innern der Erde" anbahnen könnte und die von den Maya prophezeit worden sei.[12]

Von einer aktuellen Internet-Seite[13] zum Thema „Graham Hancock 2012 Predictions" erfahren wir indes bereits weitaus deutlicher, was der Querdenker für die nächste Zeit erwartet – nämlich mindestens eine erneute Polverschiebung: „For Hancock 2012 holds such importance because of its significance to the Mayan Calendar […]. Hancock believes that at the very least we should take notice of this warning from the Mayans. For Hancock 2012 could mean a number of things, natural disasters, asteroids, or perhaps the end of an age rather than the end of everything."

Und während Hancock lediglich „Fingerabdrücke" der Götter nimmt und damit einen mittelbaren Indizienbeweis führt, vertiefen sich andere in vergilbte Akten mit konkreten Angaben – wie etwa in das heilige „Buch des Rates" (Popol vuh) der Maya.

„Im Buch des Rates werden vier kosmische Zeitalter genannt", lesen wir auf der Webseite *Kraft der Kreise*:[14] „drei vergangene, die durch Katastrophen endeten, und das vierte, in dem sich die Menschheit derzeit befindet […].

Die Sonnenfinsternis am 11. August 1999 kündigte nach den heiligen Schriften des Popol vuh eine Zeit zunehmender und gewaltiger Naturkatastrophen an sowie schwere kriegerische Auseinandersetzungen bis hin zum Ende dieses Zeitalters. Außerdem wurde eine Zunahme der Sonnentätigkeit aufgrund starker Einflüsse aus der Mitte unserer Milchstraße (galaktisches Zentrum) beschrieben, die beständig an Stärke zunehmen […].

Für das Ende unseres Zeitalters werden im Popol vuh verheerende Wirbelstürme, Überschwemmungen, Erdbeben und Vulkanausbrüche vorausgesagt. Das folgende Zeitalter, die Ära der fünften Sonne, beginne am 23.12.2012. Dann beginne ein neues, das fünfte Zeitalter des Lichtes, das unsere heutige tiefe Finsternis durch Liebe wandelt. Die Maya nahmen an, dass dann wieder ein Neubeginn stattfinde und dass zuvor alles zerstört werden müsse (Erdpolverschiebung?). Dann sei der Himmel geteilt, das Land gehoben und es beginne das Buch der 13 heiligen Kräfte […]."

Durch die „Wandlung der Kräfte von Geist, Herz und Geschlechtlichkeit" entstehe schließlich eine neue Rasse, und von 2024 bis 2029 finde der Übergang in die 5. Dimension statt.

Auch im vierten Teil der populären „Indiana-Jones"-Filmreihe geht es um die Maya-Kultur und einen Besuch von Aliens in deren Welt. Am Schluss von „Das Königreich des Kristallschädels" sehen der Archäologe Professor Henry („Indiana") Jones und seine Begleiter ein Raumschiff aus einem einstürzenden Tempel aufsteigen und am Firmament verschwinden. Das bringt uns sogleich zur letzten Option der *Bild*-Szenarien[15]: „Aufstieg der Menschheit in eine höhere spirituelle Dimension."

Denn die Spielfilm-Handlung um den mysteriösen Kristallschädel in „Indiana Jones IV" ist zumindest nicht völlig frei erfunden. Der Wahrheit hinkt der Hollywood-Blockbuster eigentlich nur in einem Punkt hinterher: Es gibt nicht nur „den" einen Kristallschädel – sondern insgesamt dreizehn, die auf der ganzen Welt verstreut sein sollen, und denen Maya-Kundige magische Kräfte zuschreiben.[16]

Einer davon befindet sich im Pariser Musée du Quai Branly, ein anderer im British Museum in London. Gerüchteweise muss das Exponat jeden Abend mit einem Tuch verhüllt werden, weil die Putzkolonne sich sonst weigere, den Ausstellungsraum zu betreten.[17] Ein Schleier des Geheimnisses liegt auch über Alter und Ursprung der kunstvollen Schädelnachbildung aus durchsichtigem Bergkristall: „Probably European, 19th century AD" heißt es lapidar im Ausstellungskatalog. 1898 hatte das Museum den „rock crystal skull" für 120 Pfund Sterling vom New Yorker Juwelier Tiffany erworben – ohne Herkunftsnachweis.

Der berühmteste Kristallschädel aber ist der sogenannte Mitchell-Hedges-Schädel („Skull of Doom" = Schädel des Unheils, oder auch „Lubaantun-Schädel"), um den sich ebenfalls das British Museum in den 1940ern vergebens bemühte und der gegenwärtig dem Amerikaner Bill Homann[18] gehört.

Zuvor befand sich das kostbare Stück jahrzehntelang im Besitz der Familie des Abenteurers und Archäologen Mike Mitchell-Hedges. Dessen Adoptivtochter Anna will den Kristallschädel 1924 bei einer Expedition in die Ruinen der Maya-Stadt Lubaantun in Belize (das frühere Britisch-Honduras an der Ostküste Zentralamerikas) entdeckt haben. Die 300 Indios, die an den Ausgrabungsarbeiten beteiligt waren, seien beim Anblick des Artefakts auf die Knie gefallen und hätten zwei Wochen lang „geweint und gebetet", behauptete die damals 17-Jährige.

Der kanadische Konservator Frank Dorland untersuchte den Kristallschädel – und berichtete ebenfalls Wundersames: Eine Art Aura oder Heiligenschein habe manchmal den Ausgrabungsgegenstand umgeben, glockenartige Klänge seien zu hören gewesen, und im Inneren des Kristall-Kunstwerks will Dorland seltsame Schleier, Lichter und holographische Bilder erblickt haben.

Auch Spiritualisten und Sensitive mit übersinnlicher Begabung lasen in dem Kultgegenstand wie in einer Kristallkugel und förderten bildhafte Eindrücke aus der Vergangenheit – und auch aus dem versunkenen Atlantis – zutage.

Eine große deutsche Sonntagszeitung[19] machte ihre Leser schließlich mit einer alten Maya-Legende bekannt, nach der es dreizehn gleiche Schädel gebe, die „sprechen und singen konnten, wenn man sie zusammenbrachte", und die eines Tages wieder auftauchen sollen, „um den Menschen die Geheimnisse des Wissens zu offenbaren". Genauer gesagt: Jene dreizehn Kristallschädel werden sich am 21.12.2012 an einem bestimmten Ort im Lande der Maya in einer rituellen Zeremonie wieder zusammenfinden.[20] Somit werden genau zu dieser Wendezeit uns die uralten Einsichten dieser heiligen Wissensspeicher[21] wieder zugänglich gemacht.

Aber welche weisen Einsichten könnten das sein? Wie kommen wir überhaupt dazu, einem längst untergegangenen Urwaldvolk weitreichende Vorhersagen zuzutrauen?

Es ist vor allem die Ehrfurcht vor einigen seiner verblüffenden Errungenschaften. Die Maya entwickelten eine Hochkultur, die ihre Blütezeit vom 4. bis zum 9. Jahrhundert n. Chr. erlebte. Das Indianervolk beherrschten ein komplexes Schriftsystem und eine sehr anspruchsvolle Mathematik. Das Rückgrat ihrer Wissenschaften bildete ein besonders hoch entwickeltes Kalendersystem, welches einerseits Ergebnis, aber auch Grundlage einer Astronomie war, die durch extrem lange und damit sehr präzise Himmelsbeobachtungen geprägt war und deren Erkenntnisse bis heute staunenswert sind.[22] Andererseits ...

Andererseits dechiffrieren immer mehr Fachleute die zahllosen unwahrscheinlichen und absurden Deutungen der Maya-Kultur, die eher an Science-Fiction denn an Altertumsforschung erinnern.

So beeindruckend die Leistungen der Maya auch sein mögen – nichtsdestotrotz reden wir von einer steinzeitlichen Zivilisation. Deren Möglichkeiten, auf Natureinflüsse zu reagieren, waren begrenzt, lange Trockenheitsphasen zum Beispiel konnten Hungersnöte auslösen und das Volk an den Rand des Abgrunds drängen. Magische Rituale und die Entwicklung eines Kalenders, der es den Maya erlaubte, aus Konstellationen am Himmel Prognosen für die Zukunft abzulesen, stellten lediglich Versuche dar, eine Illusion von Kontrolle über das Unbeherrschbare und Unvorhersehbare zu erzeugen.[23]

Prägnante Worte für den seltsamen Reiz dieser indigenen (und damit angeblich authentischen) Wissenskultur findet ausgerechnet der Schlagzeuger der Rockband „Die Ärzte", Bela B.: „Man wundert sich, warum die Maya diese wahnsinnig ausgeklügelte Zeitrechnung aufstellten und gleichzeitig so ein primitives Leben mit Menschenopfern führten."[24]

Das sagenumwobene Know-how der Maya ging in keinem Punkt über das hinaus, was für eine Kultur jener Zeit zu erwarten war. Ihre Instrumentarien – sei es im Bereich der

Astronomie oder des Handwerks – waren Hilfsmittel von begrenzter Wirksamkeit. Und erlaubten es ganz sicher nicht, Artefakte wie beispielsweise Kristallschädel von höchster Kunstfertigkeit herzustellen.

Widmen wir uns also zunächst den dreizehn Kristallschädeln, die in populären Veröffentlichungen als „Zeugen einer versunkenen Hochkultur"[25] präsentiert werden, ausgestattet mit „magischen Fähigkeiten", und in deren „Inneren sich die Bilder der Vergangenheit und Zukunft offenbaren".

Eine Rezension[26] des viel gelesenen Hauptwerks „Tränen der Götter – Die Prophezeiung der 13 Kristallschädel"[27] beginnt so: „Tief im Urwald Zentralamerikas, verborgen im Tempel einer versunkenen Ruinenstadt der alten Maya, findet eine junge Frau einen Schädel aus Kristall von unvergleichlicher Schönheit und Perfektion ..."

Keine Frage: Als Kunstobjekt und Projektionsfläche für unsere Phantasie ist der aus einem einzigen Stück Bergkristall meisterhaft geschliffene, dreizehn Zentimeter hohe und fünf Kilogramm schwere Schädel absolut faszinierend. Welche Mysterien sich nun tatsächlich um den Mitchell-Hedges- und andere Kristallschädel ranken, ist jedoch unklar.

Angeblich an ihrem 17. Geburtstag, am 1. Januar 1924, habe Anna Mitchell-Hedges den perfekt bearbeiteten „Skull of Doom" in der Maya-Ruine Lubaantun/Belize gefunden. Doch als ihr Adoptivvater, der Archäologe Mike Mitchell-Hedges, 1954 seine Biografie „Danger My Ally" veröffentlichte, schwieg der Schatzgräber sich über die Entdeckung des Artefakts beredet aus. Er habe Gründe, „die Umstände, die ihn *[den Kristallschädel; Anm. d. Autors]* in meinen Besitz brachten, nicht zu enthüllen".

Statt Fakten zu liefern, spekulierte Mitchell-Hedges unverhohlen auf die Sensationslust seiner Leser und „enthüllte" lediglich, dass sein Fund mindestens 3600 Jahre alt und von den Hohepriestern der Maya zu magischen Ritualen hergestellt worden sei – genauer gesagt: um damit Todesflüche zu verstärken: „It is said that when he willed death with the help of the skull, death invariably followed."[28]

Seltsam: In seinen Zeitschriftenaufsätzen und Büchern aus den 1930er-Jahren lässt sich Mitchell-Hedges bloß über vergleichsweise belanglose Funde aus. Nicht aber über den eindrucksvollen Lubaantun-Schädel. Dafür findet sich eine erste schriftliche Erwähnung der Skulptur in der englischen anthropologischen Fachzeitschrift *Man* aus dem Jahr 1936. Aus dem Artikel geht allerdings hervor, dass der Schädel sich zu diesem Zeitpunkt noch im Besitz eines Kunsthändlers namens Sydney Burney befand.

Und das ist nur eine der vielen archäologischen, ikonografischen, stilistischen und technischen Ungereimtheiten, die sich um die Kristallschädel ranken. Niemals wurde ein solches Kunstwerk von Archäologen bei einer wissenschaftlichen Grabung gefunden. Stattdessen tauchten sie stets unter mysteriösen Umständen auf dem Kunstmarkt auf.

Anna Mitchell-Hedges starb 2007 in Chicago, im gesegneten Alter von hundert Jahren. Ihr langes Leben schrieb sie den geheimnisvollen Energien des Lubaantun-Schädels zu – doch konnte sie nie einen hieb- und stichfesten Beweis dafür liefern, dass sie beziehungsweise ihr Adoptivvater wirklich die Finder und ersten Besitzer des Kunstwerks waren. Der Falluntersucher der amerikanischen Skeptikervereinigung CSI, Dr. Joe Nickell, fand heraus, dass Mike Mitchell-Hedges den Schädel wohl 1943 oder 1944 von Sydney Burney gekauft hatte.

Wie alt sind die angeblichen Maya- Kultgegenstände also wirklich?

Die üblichen Analyse-Methoden scheitern an den Köpfen aus Bergkristall. Die Archäometrie, welche mit naturwissenschaftlichen Methoden und Verfahren archäologische Funde untersucht, verwendet zum Beispiel die Thermolumineszenz-Datierung, um das Alter von Keramiken zu bestimmen. TL-Datierung basiert auf der Speicherung von Informationen über die absorbierte Energie ionisierender Strahlung in anorganischen Kristallen (Quarz, Feldspat etc.), die in allen Keramiken enthalten sind.

Beim erstmaligen Erhitzen (das heißt beim Brennen der Keramik) erfolgt eine Löschung aller gespeicherten Information und somit eine Nullsetzung der „archäologischen Uhr". Über die Jahre wird die absorbierte natürliche Strahlungsenergie von natürlichen Radioisotopen im Material selbst und der terrestrischen beziehungsweise kosmischen Umgebungsstrahlung im Artefakt gespeichert. Um nun diese gespeicherte Information auszuwerten, wird die Probe neuerlich erhitzt.

Bei diesem Auswertevorgang wird diese Energie in Form von Thermolumineszenz-Licht abgegeben. Die abgegebene Lichtemission steht in direktem Zusammenhang zur absorbierten Strahlendosis und somit zum archäologischen Alter der Probe.

Das Problem: Egal, wie die Kristallschädel hergestellt wurden – man hat sie nicht gebrannt. Zwar kann man darüber hinaus mit der Thermolumineszenz-Datierung nicht nur jede Form von gebrannter Keramik oder Ziegeln bestimmen, sondern auch die umgebenden Löss-, Lava- oder Sedimentschichten. Aber auch das ist bei den Kristallschädeln nutzlos, weil man die Fundorte nicht kennt.

Die Radiokarbondatierung (C14-Methode) wiederum ermöglicht nur die Altersbestimmung von organischen Stoffen wie Knochen oder Pflanzenteile. In Quarz dagegen findet man den erforderlichen Kohlenstoff nicht.

Außerdem: Das Alter des Quarzkristalls ist eigentlich bedeutungslos – entscheidend ist, wann es bearbeitet wurde. Zu dieser Fragestellung veranlasste das British Museum 1995/96 eine aufwändige Untersuchung seines Kristallschädel-Exponats. Unter einem Elektronenmikroskop zeigten sich an den Zähnen winzige Schnittspuren, die auf ein Stahlwerkzeug hindeuten, möglicherweise den Bohrer eines Juweliers. Oder ein modernes Schleifrad.[29] Das würde bedeuten, dass der Kristallschädel irgendwann in den vergangenen zwei Jahrhunderten gefertigt worden sein muss.

Auch dem Quai-Branly-Exponat in Paris rückten Experten zuleibe. Der elf Zentimeter hohe und 2,5 Kilogramm schwere Schädel stamme aus dem 19. Jahrhundert, vermutlich aus der zweiten Hälfte, teilte das Forschungs- und Restaurationszentrum der französischen Museen nach eingehender Prüfung mit. Das Kunstwerk trage „sehr regelmäßige Spuren von Abrieb und Polieren und ist folglich mit modernen Werkzeugen hergestellt". Ein Teilchenbeschleuniger habe zudem einen „Hydratfilm" zutage gefördert – eine Wasserschicht im Quarz, die eindeutig aus der jüngsten Vergangenheit herrührt.[30]

Mike Mitchell-Hedges schreibt in seiner Biografie „Danger My Ally", bei den Maya hätten „Generationen für Generationen, Tag für Tag, mit Sand einen riesigen Kristall-Block geschliffen", bis „daraus der perfekte Schädel entstand". Unmöglich – denn eine Polierung von Hand hätte zu chaotischen Schleifspuren geführt.

Das meint auch der ehemalige Leiter der sogenannten „Schatzkammer" des Wiener Kulturhistorischen Museums, Rudolf Distelberger, der schon Anfang der 1980er für einen österreichischen Dokumentarfilm um ein Statement gebeten worden war. Neben den fehlenden Schleifspuren gab Distelberger zu bedenken, dass der Schädel archäologisch betrachtet viel zu naturalistisch für die Maya-Kultur sei – und also schlicht eine Fälschung, ein Kunstwerk aus dem ausgehenden 18. oder 19. Jahrhundert. Möglicherweise aus Paris, der damaligen Schleiferhochburg.

Oder auch aus Deutschland. In der rheinland-pfälzischen Edelsteinstadt Idar-Oberstein wurden um 1870 große Mengen von Quarzkristall aus Brasilien zu allerlei Skulpturen verarbeitet. Und noch heute verfügt eine alteingesessene Schleifer-

Familie nachweislich über das Wissen und das technische Know-how (Arbeitsschablonen etc.) zur Fertigung von Lubaantun-identischen Kristallschädeln. Mit öffentlichen Auskünften darüber hält man sich vornehm zurück – wegen der exklusiven Klientel des Unternehmens.

Verständlich, dass angesichts der heutigen Untersuchungsmöglichkeiten Rätsel-Fans lieber in mythologischen Überlieferungen wühlen, wo keine Thermolumineszenz-Datierung, keine DNA-Expertise, Infrarotspektroskopie und nur selten eine Kohlenstoffanalyse hinreicht. Mag der Spurensucher der Götter, Graham Hancock, auch noch so sehr darauf beharren, dass seine Theorie von der Polverschiebung irgendwann zwischen 15 000 v. Chr. und 10 000 v. Chr. wissenschaftlich gestützt sei – sie ist es nicht. Ebenso wenig wie seine übrigen Thesen. Und deshalb können wir Hancocks Vorhersage einer erneuten Polverschiebung für das Jahr 2012 getrost ins Reich der Phantasie verschieben.

Wieso?

Nach Hancocks Auffassung wurden durch die damalige plötzliche Pol- (oder auch Erdkrusten-) Verschiebung ganze Regionen quasi über Nacht von polaren in gemäßigte Zonen verfrachtet und umgekehrt. Als Beweis dafür gilt ihm unter anderem die Piri-Reis-Karte, die er als Relikt einer Kultur ansieht, welche vor der Vereisung der Antarktis dort existierte.

Zum genauen Verständnis noch einmal im Schnelldurchlauf: Die Antarktis wurde offiziell erst 1819 von den Briten entdeckt. Die Karte des türkischen Seefahrers Piri Reis, die unzweifelhaft authentisch und keine Fälschung ist, wurde aber schon mehr als 300 Jahre früher (1513) angefertigt. Sie zeigt nicht nur einigermaßen genau die Küstenlinie der Antarktis – sondern einer eisfreien Antarktis. Das würde bedeuten, dass Piri Reis sich an den Vorlagen und Aufzeichnungen alter Völker orientierte, die die antarktische Küste kannten, bevor diese vom Eis überzogen wurde. Oder anders gesagt: Die antarktische Halbinsel musste vor ihrer Vergletscherung kartographisch erfasst worden sein.

Aber von wem? Und wann?

Die fehlinterpretierten Ergebnisse einer Eiskernbohrung in den 1940er-Jahren kamen zunächst dem wissenschaftlichen Querdenker Professor Charles Hapgood und dann seinem schriftstellernden Epigonen Graham Hancock zu Hilfe: Kurzzeitig gingen Geologen nach einer Expedition des bekannten Polarforschers Richard Evelyn Byrd davon aus, dass die Antarktis zwischen 13 000 v. Chr. und 4000 v. Chr. vorübergehend eisfrei gewesen sein müsse. Erst dann sei sie wieder unter einem Eispanzer verschwunden.

Mittlerweile wissen wir, dass das falsch ist. So warm wie im heutigen Neuseeland etwa war es im Gebiet der Antarktis zuletzt vor acht Millionen Jahren.[31]

Mehr noch: Nach den Berechnungen der Klimaforscher endete um 10 000 v. Chr. die letzte Eiszeit, und ab dem Jahr 8000 v. Chr. erfolgte der Durchbruch zu gemäßigtem Klima. Wie also sollte eine zu dieser Zeit angeblich eisfreie Antarktis um 4000 v. Chr. wieder vollständig vergletschern?

Diesen Widerspruch löste Hancock in der These auf, dass die neuerliche Wandlung der Antarktis zum unwirtlichen Permafrostgebiet um 4000 v. Chr. nicht durch eine globale Temperaturänderung verursacht wurde, sondern durch die Verlagerung des „Weißen Kontinents" in antarktische Regionen. Eben jene Polverschiebung.

Die Antarktis habe sich vorher außerhalb des Polarkreises befunden, in einer weit entfernten gemäßigten Zone – und sei ein Kontinent mit üppiger Fauna gewesen, bevölkert von einer Ur-Zivilisation mit wissenschaftlichen, technischen und spirituellen Kenntnissen, die durch die Katastrophe gewissermaßen schockgefrostet wurde. Hauptsächlich um diese Idee einer verschollenen Super-Zivilisation ranken sich Hancocks Werke.

Was hat das nun mit den Maya zu tun? Eine kleine Gruppe von Flüchtlingen entkam mit diesem fortgeschrittenen Wissen dem Verhängnis und kolonisierte verschiedene antike Kulturen. Als die Kolonisten verschwanden, fielen die Völker in ihrer Entwicklung weit zurück. Und das wäre die Erklärung sowohl für den Aufstieg und Fall des Maya-Imperiums – wie auch für die Prophezeiungen des Indianervolkes von gewaltigen Naturkatastrophen und goldenen Zeitaltern.

Dass es schon lange vor Kolumbus eine gemeinsame Kultur zwischen den Kontinenten gab, wollen Hancock und Co. mit scheinbaren Rätseln wie der Piri-Reis-Karte, den „Kokain-Mumien" oder der ägyptischen Sphinx belegen. Doch bei Licht besehen ist dieser „Hancockismus"[32] nur ein weiteres Beispiel für ein gut konsumierbares Produkt aus dem spirituellen Supermarkt, in dem die Geschichte nicht-westlicher Völker und Kulturen neu zusammengewürfelt und verramscht wird.

Nehmen wir uns zum Beispiel die sagenhafte Zeichnung einer eisfreien Antarktis aus dem Jahr 1513 vor: Was man auf der berühmten Karte des Navigators Piri Reis tatsächlich sieht, ist eine sonderbare Verlängerung der Atlantikküste Südamerikas südlich von Brasilien, die sich ostwärts, Richtung Afrika, fortzusetzen scheint.

Die kühne Annahme, dabei handele es sich um den eigentlichen Küstenverlauf des antarktischen Kontinents vor seiner Vereisung, entspringt lediglich einer arg erzwungenen Deutung. Kartographen gehen davon aus, dass dieser „Appendix" Südamerikas eine Verzierung des Kartenzeichners darstellt, um eine grafische Lücke zu schließen. Auch die Erläuterungen, die Piri Reis auf der Karte selbst dazu gab, lassen nur den Schluss zu, dass der türkische Admiral sich an zeitgenössischen Vorlagen portugiesischer Seefahrer orientiert hatte – nicht an vergangenen Hochkulturen.

Einwände kommen auch aus Sicht der Geowissenschaften: „Die ursprüngliche Form des antarktischen Kontinents enthüllt sich nicht, indem man einfach das Eis wegdenkt", erklärt der britische Archäologe Dr. Nick Thorpe[33] von der University of Winchester: „Die Millionen Tonnen schwere Last des Eises presste die Erdkruste erheblich zusammen. Die Küstenlinie hat vorher ganz anders ausgesehen, als sie sich nun unter dem Eis darbietet."

Aber wie kommt Kokain in ägyptische Mumien? Als die Toxikologin Dr. Svetlana Balabanova anno 1992 neun ägyptische Mumien aus verschiedenen Epochen untersuchte, fand sie im Gewebe der Toten Kokain, Nikotin und Haschisch.[34] Das Problem daran war weniger, dass die ehrwürdigen alten Ägypter plötzlich als Drogenfreaks und Junkies dastanden.[35]

Vielmehr galt es bis dahin als erwiesen, dass diese Pflanzen vor Kolumbus nicht außerhalb Amerikas anzutreffen gewesen waren. Die Koka-Pflanze etwa soll erst 1569 durch den spanischen Arzt Nicolas Monardes in die Alte Welt gekommen sein. Woher also kannte die uralte Hochkultur am Nil diese Drogen? Gab es womöglich Kontakte zwischen Völkern, die die Wissenschaft bis dato völlig unabhängig voneinander, getrennt durch einen unüberwindlichen Ozean, betrachtet hatte?

Nicht unbedingt. Besonders gründlich wurde dieses Phänomen in München, am Institut für Anthropologie und Humangenetik der Ludwig-Maximilian-Universität, untersucht. Ergebnis: Bislang ist nicht bekannt, woher die – sehr geringen – Dosen kokainhaltiger Substanzen in den Mumien-Haaren stammen. Allerdings gibt es in Afrika Tausende von Pflanzenarten, deren Inhaltsstoffe noch nicht erforscht sind. Einige könnten durchaus Kokain und andere pharmakologische Stoffe enthalten und von den Ägyptern zur Mumifizierung verwendet worden sein.

Apropos Ägypten: Auch aus der Tatsache, dass Ägypter und Maya Pyramiden bauten, wird der Kurzschluss gezogen, es hätte eine Verbindung zwischen diesen Kulturen gegeben. Oder anders gefragt: „Wenn die Pyramiden eine Erfindung der alten Ägypter waren, wie gelangten dann die Idee und das Wissen darüber nach Amerika, zu dem Volk der Maya?"[36] Antwort: gar nicht. Die Pyramide ist einfach die simpelste und robusteste Form, mit der man sehr stabil und hoch bauen kann.

Letzter Punkt: Die Große Sphinx von Gizeh ist stark verwittert. Darin sieht Hancock einen Beweis, dass der liegende Löwe mit Menschenkopf wesentlich früher gestaltet wurde als von der Archäologie angenommen (um 2700 bis 2600 v. Chr.). Die Erosionsformen könnten nur durch Wasser entstanden sein, daher müsse die gigantische Skulptur bereits in der Eiszeit vor etwa 12 000 Jahren existiert haben, bevor die Sahara zur Wüste wurde.

Aber auch diese Folgerung ist nicht zwingend. Denn bei Verwitterungsvorgängen spielen viele Faktoren eine Rolle. Der Geologie-Professor James A. Harrell von der University of Toledo in Ohio[37] geht davon aus, dass die Risse am Sockel des mythischen Mischwesens durch Salzexfoliation entstanden sind: Kleinere Regenfälle gab es um 2300 v. Chr. häufig in Ägypten. Das versickernde Regenwasser löste aus den oberen, weichen Kalksteinschichten Salze, die bei den Nilfluten mit dem Grundwasser wieder an die Oberfläche transportiert wurden.

Kapillare könnten dieses Wasser bis zu zwei Meter hoch in den Sockel der Sphinx geleitet haben, wo sich die gelösten Salze ablagerten und kristallisierten. Dadurch entstand in den Poren des brüchigen Sandsteins Druck. Und somit brachen immer wieder kleine Brocken heraus. Besonders geschah dies in Zeiten, in denen die Sphinx von Sand bedeckt war, da der Sand die Feuchtigkeit länger halten kann.

Immerhin: Graham Hancock kommt ohne Außerirdische aus. Woher seine „Götter" beziehungsweise Kulturbringer kamen, denen die Maya so viel zu verdanken hätten, bleibt vage –

wenn auch unausgesprochen der Atlantis-Mythos durch seine gesamte Argumentation geistert.

Ganz anders Erich von Däniken, der uns für 2012 den „Götterschock" androht. Dass die Maya in der Vergangenheit von Außerirdischen besucht worden sind, hält der Prä-Astronautik-Star für erwiesen. Dazu genügt ihm ein Blick auf das Relief der Grabplatte des Maya-Königs Pacal, die 1952 in den Ruinen von Palenque (im heutigen mexikanischen Bundesstaat Chiapas) entdeckt wurde:

„Da sitzt ein menschliches Wesen, mit dem Oberkörper vorgeneigt, in Rennfahrerpose vor uns; sein Fahrzeug wird heute jedes Kind als Rakete identifizieren. Das Vehikel ist vorn spitz, geht über in merkwürdig gerillte Ausbuchtungen, die Ansauglöchern gleichen, wird dann breiter und endet am Rumpf in eine züngelnde Feuerflamme.

Das Wesen selbst, vornüber geneigt, bedient mit den Händen eine Reihe undefinierbarer Kontrollgeräte und setzt die Ferse des linken Fußes auf eine Art von Pedal. Seine Kleidung ist zweckentsprechend: eine kurze, karierte Hose mit einem breiten Gurt, eine Jacke mit modernem japanischem Halsausschnitt und dicht abschließende Arm- und Beinbänder.

Es würde, in Kenntnis korrespondierender Darstellungen, verwundern, wenn der komplizierte Hut fehlen würde! Er ist da, mit Ausbuchtungen und Röhren, wieder eine antennenähnliche Kopfbedeckung. Unser so deutlich dargestellter Raumfahrer ist nicht nur durch seine Pose in Aktion – dicht vor seinem Gesicht hängt ein Gerät, das er starrend und aufmerksam beobachtet. Der Vordersitz des Astronauten ist vom hinteren Raum des Fahrzeugs, in dem man gleichmäßig angeordnete Kästen, Kreise, Punkte und Spiralen sieht, durch Verstrebungen abgetrennt."[38]

Auch auf dem Umschlag des Buches „Der Götterplan"[39] des deutschen Grenzwissenschaftlers Peter Fiebag steht zu lesen: „Die geheimnisvollen Maya hatten Kontakt zu Außerirdischen. Die Entwicklung der amerikanischen Kulturen war kein

Zufall. Ihr rätselhafter Aufstieg und Untergang erfolgte nach einem exakten Plan. Die Beweise für die Eingriffe von außerirdischen Intelligenzen liegen in Mexiko, Guatemala und den USA."

Soso. Aber welche Belege sind das nun?

Großflächige indianische Scharrzeichnungen der südamerikanischen Nazca-Ebene? Natürlich Landebahnen von außerirdischen Raumschiffen. Die abstrakte Abbildung auf der Grabplatte des Maya-Herrschers Pacal? Eindeutig ein Raumfahrer. Wissenschaftliche Erklärungsansätze verschweigen Prä-Astronautik-Schreiber gerne, deren These kurz gefasst lautet: Die Götter waren Astronauten.

Und damit hat die Beweisführung Dänikens, Fiebags und anderer von einem archäologischen Rätsel hin zu außerirdischen Besuchern einen gewaltigen Haken: Die „Rätsel" existieren nämlich nur, man wenn die gesicherten Fakten rund um den betreffenden Fund oder die historische Stätte ausblendet und prähistorische Ruinenstädte, Pyramiden, Megalithe und Statuen wie eine leere Leinwand betrachtet, die man zwanglos mit eigenen Phantasien und Wunschvorstellungen neu bemalen kann. Auch wenn das so entstandene Bild ziemlich schief hängt.

Archäologen wissen, dass etwa die unzähligen Bildelemente auf der Pacal-Grabplatte in anderer Zusammenstellung auch auf Dutzenden anderer Grabplatten vorkommen und dort als Elemente der Maya-Mystik zu identifizieren sind. Ganz konkret zeigt das Relief aus Palenque eine symbolisch verklausulierte Darstellung eines bestimmten Ausschnitts des sichtbaren Himmels. Die Behauptung, Pacal würde per Raumschiff ins Weltall starten, hat daher den wissenschaftlichen Wert eines Science-Fiction-Romans. Außer „Sieht-aus-wie" hat Däniken nichts zu bieten.[40]

Mittlerweile nennen sich die Vertreter der Prä-Astronautik „Paläo-SETI-Forscher". Das klingt irgendwie wissenschaftlich, ändert aber kaum etwas an deren Vorgehensweise: Man nehme irgendwelche Tatsachen, die nichts miteinander zu tun haben, setze sie in Beziehung, suche Analogien und klopfe alles auf einen scheinbar verborgenen Sinn ab. Schon sieht man sich mit Mysteriösem, Unerklärlichem konfrontiert und wird bedeutsamer Zusammenhänge gewahr, die bisher keinem Menschen aufgefallen sind.

In Dänikens Erfolgsbuch[41] „Zurück zu den Sternen" liest man zum Beispiel: „Dass das Weib aus dem Manne erschaffen wurde, kann durchaus möglich sein. Aber Eva wird doch wohl kaum mit einem Zaubertrick – nach einem chirurgischen Eingriff? – aus einem schmalen Knochen des männlichen Brustkorbs zu ihrer nackten Schönheit erblüht sein! Vielleicht entstand sie mit Hilfe einer männlichen Samenzelle. Da es aber der biblischen Genesis zufolge kein menschliches Wesen im Paradies gab, das den Samen hätte austragen können, müsste Eva in einer Retorte gezüchtet worden sein."

Entweder das – oder aber man darf Mythen und Überlieferungen, Visionen, Gleichnisse und die Beschreibung sinnbildlicher Handlungen nicht wortwörtlich nehmen. Letzteres indes kommt Däniken anscheinend nicht in den Sinn.

Wenn auf den Felsbildern und Steinfriesen vorgeschichtlicher Epochen Kreise vorkommen, dann sind das für Däniken und Co. Kugelraumschiffe. Wenn Götter dargestellt werden mit ihren Symbolen, wie etwa bei dem keltischen Gott Kernunnos das Geweih des Hirsches, dann sind das Antennen. Wenn die Gottheit mit Strahlen um den Kopf wiedergegeben ist, dann sind das Raumfahrer.

Wenn über dem Körper der Gottheit ein Symbol für Wasser eingraviert ist, dann ist das nicht mythologisch, sondern technisch zu interpretieren. Wenn um die Göttergestalt die Beter stehen, dann sind das Marsmenschen. Wenn eine Maske gemalt ist, dann ist das ein kosmischer Besucher mit antennenähnlichen Auswüchsen. Und sein Helm hat Schlitze für Augen, Nase und Mund.[42]

Umgekehrte, auf den Kopf gestellte Science-Fiction nennen Kritiker das. Denn ein Buch über den Besuch zukünftiger irdischer Astronauten auf fremden Sternen hat nicht annähernd den Sensationswert wie die Behauptung, in grauer Vorzeit sei die Erde von Aliens besucht worden. Prä-Astronautik-Autoren projizieren also moderne technische Entwicklungen nach rückwärts, in die Vergangenheit.

Und schließen beispielsweise aus den Schriften des Alten Testaments, dass der Gotteswagen des Propheten Hesekiel die Landefähre eines außerirdischen Raumfahrzeugs war. Dass eine Atombombe Sodom und Gomorrha zerstörte. Dass es sich bei der Bundeslade der Israeliten um eine elektrische Funksprechanlage gehandelt habe. Und so weiter, und so fort.

In einer TV-Show namens „Die Bibel-Connection" führte Däniken vor, wie Schallwellen eine Mauer zum Einsturz bringen. Ganz so, wie im Alten Testament (Buch Joshua) der Mauerfall von Jericho beschrieben wird. „Doch wer konnte damals schon etwas von der zerstörerischen Kraft des Schalls wissen?", munkelte der Bestseller-Autor dazu bedeutungsschwer. Aha. Und vor der Entdeckung der Schwerkraft schwebten alle Menschen in der Luft?

Von derlei Petitessen mal ganz abgesehen: „Was oder wem würde es eigentlich nützen, wenn man wüsste oder gar beweisen könnte, dass die menschliche Zivilisation außerirdischen Ursprungs ist?", schrieb der Historiker Dr. Christian Ruch[43] 2003 bei der Eröffnung von Dänikens „Mystery-Park"[44] in der Schweiz. „Solange die intergalaktischen Entwicklungshelfer uns mit den drängenden Problemen der Gegenwart, die diesen Planeten und seine Bewohner belasten, alleine lassen, dürfte sich ein solcher Erkenntnisgewinn in engen Grenzen halten."

Aber eben dies soll 2012 ja anders werden.

„Die Rückkehr der Außerirdischen" ist nicht nur auf Dänikens jüngstem Buchcover angesagt – auch die Inschrift auf dem Monument 6 von Tortuguero verortet die Ankunft des

Gottes Bolon Yokte bei diesem Enddatum des Maya-Kalenders. Merkwürdig ist nur, dass es sich bei jenem Bolon Yokte bloß um einen unwichtigen Gott aus einer unbedeutenden lokalen Maya-Überlieferung handelt[45] – und nicht etwa um den großen Kukulkan, die „gefiederte Schlange", den Gott der vier Elemente.

Und noch ungewöhnlicher: Die heutigen Maya sehen dem magischen Datum 21. (oder 23.) Dezember 2012 keineswegs mit fiebriger Spannung entgegen. Das Gegenteil ist der Fall. Stammeshäuptling Apolinario Chile Pixtun ist schlichtweg genervt, sagte er der Nachrichtenagentur *Associated Press*:[46] „Ich habe von diesem Zeug genug." Auf die Frage, ob das Ende des Maya-Kalenders zugleich das Ende der Welt oder die Rückkehr der All-Mächtigen anzeige, antwortete Pixtun: „Definitely not!"

Derzeit leben noch etwa sechs bis sieben Millionen Maya in Mexiko und Guatemala und den angrenzenden Ländern Belize und Honduras. Sie sprechen noch ihre Sprache und haben auch einen Großteil ihrer Kultur bewahrt. Und diese echten Maya messen der vermeintlichen Prophezeiung auf dem Monument 6 keinerlei Bedeutung bei. Auch Christian Prager von der Abteilung für Altamerikanistik der Uni Bonn sieht im „Herabsteigen" des Maya-Gottes Bolon Yokte keine Götterdämmerung[47]: „Das gleiche Verb wird auch bei Einweihungszeremonien verwendet und scheint keine zerstörerische […], sondern eine positive Bedeutung zu haben."

Pixtun und seine Stammesbrüder haben denn auch ganz andere Probleme, als sich mit den Phantastereien der 2012-Apologeten zu beschäftigen. „Würde ich zu einigen der Maya-sprechenden Gemeinden gehen und die Menschen fragen, was 2012 passieren wird, hätten sie mit Sicherheit keine Ahnung", berichtet José Huchim, ein Archäologe aus Yucatan.[48] „Dass die Welt zu Ende gehen wird? Sie würden dir nicht glauben. Wir haben derzeit richtige Sorgen, zum Beispiel fehlenden Regen."

Apolinario Chile Pixtun[49] vom Volk der Maya hält den 2012-Hype für eine reine Erfindung westlicher Esoteriker. Weniger zurückhaltend könnte man auch von „post-kolonialen Usurpatoren" sprechen, die sich „aus einer alten Kultur einfach alles herausreißen, was ihnen in den Kram passt. Ohne Respekt für diese Kultur, ohne Rücksicht auf Verluste und ohne die Leute, deren Kultur sie mal eben vergewaltigen, am Gewinn zu beteiligen."[50]

Und ausgerechnet diejenigen, die „am lautesten von der Spiritualität der Mayas schwärmen und permanent ihren großen Respekt für deren Kultur bekunden, scheinen gleichzeitig die zu sein, die den echten Maya am meisten auf den Nerv fallen".[51]

Seinen Anfang nahm diese krude Mixtur aus Kalenderspekulation, Naturvölker-Verklärung und esoterisch angereichertem Phantasieprodukt 1987 mit dem Buch „The Mayan Factor" des Künstlers und „visionären Historikers" Jose Argüelles, das drei Jahre später auf Deutsch „Der Maya Faktor" hieß.[52] Argüelles ersann einen „unfühlbaren Strahl", der vom Zentrum der Milchstraße ausgehen soll. Die Mayas hätten gewusst, wann die Erde diesen Strahl erreicht, hindurchfliegt und ihn wieder verlässt.[53] Von diesem „Synchronisationsstrahl" wird im folgenden Kapitel noch die Rede sein.

Weitere Eckpfeiler des 2012-Maya-Mythos bilden „Die Prophezeiungen der Maya" von Adrian Gilbert, das 2007 in einer Neuauflage[54] mit dem programmatischen Titel „21. Dezember 2012. Das Ende unserer Welt. Ein neuer Blick auf die Prophezeiungen der Maya" herauskam, sowie Tibor Zelikovics' „Zeitenwende 2012".[55] Wie schon Jose Argüelles und der amerikanische Schriftsteller John Major Jenkins sieht daneben auch der Schwede John Calleman[56] im Maya-Kalender keinen Zeit-Kalender, sondern einen „energetischer Kalender", der „den Energiefluss anzeigt, der hinter allem irdischen Geschehen steht".

Die Bandbreite der Ideen reicht insgesamt „von naiv über bedenkenswert bis hin zu absurd-phantastisch", merken die beiden kritischen 2012-Autoren Kurt-J. Heering und Jo Müller an.[57] Ergänzt man „bedenkenswert" noch um „bedenklich", dann landet man sogar bei obskuren Büchern wie „Checkliste 2012"[58] und Verschwörungs-Webseiten[59], die ernst gemeinte „Überlebensstrategien" für das bevorstehende Desaster verkünden.

Dabei ist eigentlich alles, was in der Presse über 2012 geschrieben wird, „völliger Quatsch", urteilt einer der weltweit besten Kenner der Maya-Kultur: Professor Nikolai Grube vom Institut für Altamerikanistik und Ethnologie der Bonner Universität. Populäre Vorstellungen von den Maya als „Sternenguckern, die keine Könige hatten, keine Kriege kannten, die im Frieden lebten und sich nur zu bestimmten Kalenderfesten in Städten versammelten, um die Götter anzubeten und die Gestirne zu beobachten", nennt Grube unverhohlen „Wunschdenken" von Forschern in den 1950er- und 1960er-Jahren: „Vielleicht aufgrund der Erfahrung des Zweiten Weltkriegs und des Ost-West-Konflikts. Also hat man da in die Vergangenheit das hineinprojiziert, was man eigentlich für die Gegenwart erhoffte."[60]

Aktuell sei das nicht anders: „Ganz offensichtlich eignen sich wenig bekannte und exotische Völker wie die Maya ganz besonders gut als Projektionsfläche für die Wünsche und Ängste von Menschen aus der kapitalistischen Welt." Für die angebliche Apokalypse 2012 gibt der Wissenschaftler Entwarnung: „Keine Inschrift und kein Codex der Maya enthalten Angaben über die Bedeutung dieses Datums, und keine Prophezeiung lässt sich finden, welche die Behauptungen über ein angekündigtes Weltenende stützen könnte."[61]

Ist das wirklich so?

Wiederum die *Bild*-Zeitung[62] machte 2009 ihre Leser mit dem „Dresdner Buch zum Weltuntergang" bekannt. Gemeint sind die 74 Seiten des „Dresdener Codex", dem bedeutendsten von nur vier erhalten gebliebenen „Maya-Büchern". Alle übrigen Handschriften hatte der katholische Bischof von Yukatan, Diego de Landa, Mitte des 16. Jahrhunderts in inquisitorischem Eifer verbrennen lassen. Denn nach Meinung der Spanier bestanden diese Aufzeichnungen aus nichts weiter als „Aberglauben und teuflischen Lügen".[63] So ging fast das gesamte Schrifttum der Maya unwiederbringlich verloren.

Vor allem aus der Dresdener Handschrift erfahren wir, was die Priester-Astronomen der Maya bewegte. „Die letzte Seite des Buches beschreibt den Weltuntergang", erschauderte der *Bild*-Reporter bei seinem Besuch im Tresorraum der Sächsischen Landesbibliothek. In der Tat zeigt die Tafel 74[64] im Dresdener Codex eine ikonografische Darstellung, „wie vermutlich die Apokalypse 2012 ablaufen soll", so das Boulevardblatt. Zu sehen sind auf der Bilderhandschrift der Himmelsdrache (als riesiges Krokodil) und weitere furchterregende Figuren sowie verschiedene Finsternis-Symbole. Aus dem Krokodil wie auch aus den Düsterzeichen stürzen sintflutartige Wassermassen.

Das Ende der Zeiten? Nein, sondern eine Illustration des zyklisch wiederkehrenden Schöpfungsdatums, das in der Maya-Mythologie durchaus eine Rolle spielt. Das Indianervolk glaubte nämlich daran, dass die Welt mehrere Male durch Gottheiten erschaffen und wieder vernichtet worden sei. Für die Maya war die Zeit ein Kreislauf, ein ewiges Werden und Vergehen, was auch der Lebenserfahrung entsprach: Regelmäßige Dürren zum Beispiel, verursacht durch das Auf und Ab der Sonnenstrahlung, warfen die Maya-Kultur immer wieder zurück.[65]

Die zweite (und das war es dann auch schon) Originalquelle, die man in Sachen Maya und 2012 heranziehen könnte, sind die Chilam-Balam-Bücher, eine Sammlung einheimischer Überlieferungen, die vom 16. bis zum 18. Jahrhundert in Yucatán in der yukatekischen Maya-Sprache verfasst wurden. Chilam- („Prophet") Balam („Jaguar") bedeutet „Prophet mit dem Namen Balam" oder auch „Sprecher des Jaguar".

Der Prophet in den Chilam-Balam-Büchern formuliert überwiegend düstere Szenarien, die terminlich in der Tat auf das Jahr 2012 zielen, wie zum Beispiel: „Waffenmänner, die Männer der Axt, wird es geben. Fremde und Emporkömmlinge und ein Ersticken der Männer der wahren Kehle, der Häupter der Völker, bis zum Bluterbrechen wird es geben." Des Weiteren ist von Lebensmittel- und Ressourcenknappheit die Rede.[66]

Was ist davon zu halten? Mit großer Sicherheit tun wir dem „Jaguar-Propheten" kein Unrecht, wenn wir den konkreten Gehalt seiner poetischen Symbolsprache nicht überstrapazieren wollen. Kenner der Maya-Kultur verweisen auf „the cryptic nature of these deeply esoteric texts" und „highly creative speculation by several New Age teachers".[67]

Auch in den Centurien des Nostradamus finden sich eine Handvoll konkreter Jahreszahlen, die wenig mehr sind als dichterisches Stilmittel und verschwommene Haltepunkte im Nebel seiner subjektiven Geschichtsdeutung. Und wann anders als zu – tatsächlichen oder auch nur kalendarischen – Zeiten des Umbruchs sollte man apokalyptische Ängste andocken?[68]

Und damit wären wir nun schlussendlich beim Maya-Kalender und dem Fixpunkt „2012". Was genau endet da? Und was hat das zu bedeuten?

Kurz gesagt: nichts Besorgniserregendes.

Der „Maya-Kalender" ist eigentlich eine Kombination aus drei verschiedenen Kalendersystemen:

- Der *Tzolkin* war der heilige (religiöse oder Ritual-/Zeremonien-) Kalender und umfasste relativ willkürlich 260 Tage. Willkürlich deswegen, weil 260 Tage keiner astronomischen Periodizität entsprechen. Relativ, weil die Maya dafür einfach die Zahlen 1 bis zur „heiligen" Ziffer 13 sowie die 20 als Basiseinheit ihres Zwanziger-Zahlensystems miteinander verschränkten. Und zwar zu einem Zyklus von 13 x 20 Tagen = 260 Tage. Angeblich kamen die Maya zu ihrem Zwanziger- oder Vigesimalsystem, weil sie Hände und Füße zum Zählen benutzen.

Vorstellen kann man sich den Tzolkin-Kalender wie zwei Zahnräder, die ineinandergreifen. Das eine Rad ist mit den Zahlen von 1 bis 13 beschriftet, das andere Rad mit den Namen der 20 heiligen Tage der Maya, zum Beispiel „Imix" oder „Ahau". Wo sich die Zähne der beiden Räder berühren, entstehen also Kombinationen wie etwa „4 Ahau". Kombiniert man nun alle Zahlen des einen Rades mit den Tagesnamen des anderen, erhält man insgesamt 260 verschiedene Tzolkin-Daten.

- Der *Haab* war der zivile Kalender (für Landwirtschaft, Saat- und Erntezeiten etc.) und umfasste ein Sonnenjahr, also 365 Tage. Die Kombination aus Tzolkin und Haab führt zu einer Periode von 18 980 Tagen oder ungefähr 52 Jahren, denn das kleinste gemeinsame Vielfache von 260 und 365 ist 18 980.

  Die Maya konnten mit Tzolkin und Haab also jeden Tag innerhalb der kurzen Periode von 52 Jahren darstellen. Danach aber wurde es unübersichtlich, weil jedes Datum sich regelmäßig wiederholte. Das ist in etwa so, als würde unsere Zeitrechnung nur jeweils Tag und Monat angeben, nicht aber das Jahr. Also benötigten die Maya noch ein weiteres System, beispielsweise für astronomische Zyklen oder die Geschichtsschreibung.

- Dieser dritte Kalender ist der „Long Count" oder die *Lange Zählung*. Und er führt uns nun unmittelbar ins Jahr 2012.

Basierend auf dem Zwanziger-Zahlensystem der Maya gibt es bei der Langen Zählung fünf Zahlenpositionen, um ein Datum darzustellen – beginnend bei dem Datum 0.0.0.0.0. und endend wiederum bei der „heiligen“ Ziffer 13, genauer bei 13.0.0.0.0. Die letzte Stelle sind die Einser. Die vorletzte allerdings nicht, wie bei uns, die Zehner, sondern die Zwanziger. Die nächste Position bildet eine Ausnahme vom Zwanziger-System und ist der Zahl 18 vorbehalten. Das kommt daher, weil 20 x 18 Tage = 360 Tage ein „Rundjahr“ ergeben, also relativ genau dem Sonnenjahr entsprechen, und damit leichter zu rechnen ist als mit 365.

Die fünf Zahlenpositionen im Datum der Langen Zählung sind zudem benannt:

– Ein Tag heißt „Kin“,

– 20 Tage werden zu einem „Uinal“ zusammengefasst und so weiter.

Im Einzelnen heißen fünf Datumspositionen von rechts nach links so:

1 Kin = 1 Tag

1 Uinal = 20 Tage (1 Monat)

1 Tun = 18 Monate x 20 Tage = 360 Tage (1 Jahr)

1 Katun = 20 x 18 x 20 Tage = 7200 Tage (20 Tun)

1 Baktun = 20 x 18 x 20 x 20 Tage = 144 000 Tage (20 Katun)

Drücken wir es anders aus: Gezählt wurde bei den Maya nicht nur in Tagen, Monaten und Jahren (also mit drei Datumspositionen), sondern in zwei zusätzlichen Einheiten: 20 Tage sind ein Monat, 18 Monate sind ein Jahr, 20 Jahre sind ein sogenanntes „Katun“, 20 „Katun“ sind ein „Baktun“.

Das Besondere: Beim 13. Baktun wiederholt sich das Datum, an dem der Kalender begann. Das Datum 13.0.0.0.0 bedeutet also, dass vom Beginn der Zählung an 13 x 144 000 Tage vergangen sind, alle weiteren Stellen sind ja Null. Das ergibt 1872 000 Tage. Rein rechnerisch beginnt somit alle 5125 Jahre eine neue Lange Zählung.

Umstritten in der Maya-Forschung ist lediglich, welchem Datum unseres gregorianischen Kalenders das Null-Datum der

Maya (0.0.0.0.0.) entspricht. Mittlerweile sind die Fachleute übereingekommen, dass die Lange Zählung am 13. August 3114 v. Chr. begann.[69] Wie die Maya auf dieses Datum lange vor ihrer Existenz kamen, ist ungewiss. Möglicherweise hatten deren Sterndeuter rückblickend eine besondere, für die Mythologie wichtige Sternen- oder Planetenkonstellation errechnet. Denn die Maya gestalteten ihr Kalendersystem auf der Grundlage einer Mystifikation der Gestirne, die sie mit Gottheiten und deren Einwirken auf das menschliche Dasein gleichsetzten. Dementsprechend waren bestimmte Datumskombinationen konstruktiv, andere nachteilig.

Zu Ende geht der Long Count nach 5125 Jahren umgerechnet am 21. oder 23. Dezember 2012. Das heißt: Das Maya-Datum 13.0.0.0.0. springt wieder auf 0.0.0.0.0. Das ist alles. Und nicht mal das ist ganz sicher. Ebenso gut könnte es sein, dass die Zählung bis 20.0.0.0.0. läuft. Aber selbst wenn die Mehrzahl der Experten mit dem Jahr 2012 richtigliegt – was genau soll da nun passieren?

Eben das ist die Frage, um die sich alles dreht. Sicher wissen wir nur, dass die Maya den Beginn der Langen Zählung – also das Datum 0.0.0.0.0. – mythologisch mit dem „Schöpfungstag" verbanden, an dem die Welt erschaffen wurde. Und jedem neuerlichen Schöpfungsdatum – also dem Reset der Langen Zählung – eine besondere Bedeutung zusprachen.

Faktisch kann die Lange Zählung der Maya natürlich bis in alle Ewigkeit fortgeführt werden. Der Maya-Kalender „endet" also mitnichten beim nächsten Schöpfungsdatum zur Wintersonnenwende im Dezember 2012, wie es allerorten simplifizierend heißt. Im Grunde ereignet sich – nach den Vorstellungen der Maya – lediglich so etwas wie ein Jahrtausendwechsel. Und deshalb finden sich auf archäologischen Funden auch Inschriften, die weit über 2012 hinausreichen, etwa ins Jahr 4772.[70]

Nichtsdestotrotz begegnet man dem mythischen Nulldatum der Maya als „Meilenstein der Zeit" auf zahlreichen Kultobjekten, so auch auf dem Monument 6 von Tortuguero. Das ändert aber nichts daran, dass damit verbundene Weltuntergangsszenarien ein sehr westliches Konzept sind, das lediglich auf die Maya projiziert wird. Konsequenterweise müssten Zeitgenossen, die am Achsentag des Maya-Kalenders diverse Kataklysmen erwarten, auch mit der Möglichkeit rechnen, dass die Welt irgendwann in einer großen Schlacht zwischen Göttern und Eisriesen vernichtet wird.

Sogar das Popol Vuh, das heilige „Buch des Rates" der Maya, ist in Sachen Apokalypse vollkommen unergiebig. Schillernde Interpretationen à la *kraft-der-kreise.de* oder *der-weisse-weg.de* entspringen dem Wirr- oder Geschäftssinn von Katastrophen-Spekulanten – zu denen auch der eine oder andere verschmitzte „Maya-Schamane" zählen mag.

So zum Beispiel der legendäre Wundermann der Lakandon-Maya, Chan K'in Ma'ax, der inzwischen im Alter von zirka 110 Jahren verstorben ist. Die Lakandonen leben bei Chiapas, Mexiko, und führen das religiöse und kulturelle Erbe ihrer Vorfahren bis heute fort. Chan K'in Ma'ax hatte unter anderem orakelt: „Es wird das Ende der Welt kommen. So erzählte man, so sagt man. Es wird unser Ende kommen, wenn es keine Bäume mehr gibt, dann, wenn sie alle gefällt sind, wenn es überall Menschen gibt, wenn es keinen Wald mehr gibt [...]. Jetzt noch nicht, aber bald ist es so weit. Dann wird uns das Ende erreichen. So sagt man. Dann kommt das Ende für uns. Nichts wird da bleiben von uns."[71]

Prophetisch? Oder vergleichbar mit dem undatierten Gemunkel hiesiger Volksseher, die die Bedrohung ihrer Traditionen durch den rasanten Zeitenwandel augurieren?

Nun, wer vermag das mit Sicherheit zu sagen? Möglicherweise sind die Worte auf dem Toruguero-Monument 6 ja auch falsch oder unvollständig übersetzt worden? Diese Auffassung vertritt zumindest der junge deutsche Völkerkundler und Maya-

Forscher Sven Gronemeyer,[72] wie das Magazin *mysteries* Anfang 2011 ausführte.[73] Was die geheimnisumwitterte Inschrift tatsächlich verheiße, sei dieses: „Es wird vollendet werden der 13. Baktun. Es ist 4 Ajaw 3 Kankin, an dem ein Sehen (Bezeugen) geschehen wird. Es ist die Ausschmückung des (übernatürlichen, göttlichen Wesens) Bolon Yokte in der großen Investitur (Inthronisierung / Einsetzung in ein Amt / Parade)."

Kommt also am 21. Dezember 2012 ein „übernatürlicher Eingeweihter" an die Macht? Viel Raum jedenfalls für neue Mutmaßungen. Oder müssen sämtliche Szenarien einfach nur um 208 Jahre verschoben werden? Davon ist der Wissenschaftler Andreas Fuls vom Institut für Geodäsie und Geoinformationswissenschaft der TU Berlin aufgrund verschiedener Berechnungen überzeugt.

Fuls neue Maya-Chronologie[74] konnte bislang die Archäologen und Mesoamerikanisten nicht überzeugen. Sie hätte aber den unbestreitbaren Vorteil, dass wir nach dem womöglich folgenlosen Verstreichen des Jahres 2012 sogleich einen neuen Weltuntergangstermin festmachen können.

Nämlich den 6. November 2220.

Anmerkungen

[1] www.bild.de / BILD / news / vermischtes / 2008 / 12 / 23 / maya-kalender / endet-geht-welt-in-vier-jahren-unter.html
[2] www.welt.de / wissenschaft / article7147146 / Die-Ausserirdischen-werden-wiederkommen.html
[3] www.seite3.ch / Erich+von+Daeniken+Sie+kommen+am+23+12+2012+ / 444332 / detail.html
[4] www.focus.de / wissen / wissenschaft / mensch / tid-17900 / erich-von-daeniken-weltuntergang-2012_aid_498459.html
[5] www.3sat.de / page / ?source= / nano / astuecke / 139325 / index.html
[6] www.worldcat.org / title / proceedings-of-the-maya-hieroglyphic-workshop-march-9-10-2002-university-of-texas-at-austin-palenque-and-its-neighbors / oclc / 50900637
[7] Zit. nach: „2012: Die neue Prophezeiung der Maya". In *mysteries* Nr. 1/2011
[8] Dt. Titel: Die Spur der Götter. Das sensationelle Vermächtnis einer verschollenen Hochkultur.
[9] Thompson, 1997
[10] Kurt-J. Heering / Jo Müller: Apokalypse 2012. Ueberreuter-Verlag, Wien 2009
[11] www.bild.de / BILD / news / vermischtes / 2008 / 12 / 23 / maya-kalender / endet-geht-welt-in-vier-jahren-unter.html
[12] Heering / Müller, 2009
[13] www.qondio.com / graham-hancock-2012-predictions
[14] www.kraft-der-kreise.de / maya_kalender_und+popol_vuh
[15] www.bild.de / BILD / news / vermischtes / 2008 / 12 / 23 / maya-kalender / endet-geht-welt-in-vier-jahren-unter.html
[16] www.21dezember2012.org / kristallschaedel.html
[17] Peter James / Nick Thorpe: Halley, Hünen, Hinkelsteine. Sanssouci-Verlag, Zürich 2001
[18] www.crystalskulls.com / bill-homann.html
[19] „Die sieben größten Rätsel unserer Zeit", *Bild am Sonntag* vom 6. Oktober 2002
[20] www.thomas-ritter-reisen.de / html / prophezeiungen.html
[21] Karin Tag: 2012 – Die Prophezeiungen des Kristallschädels Corazon de Luz. Amra-Verlag, Hanau 2009
[22] Mario Krygier / Jens Rohark: Faszination 2012 – Das Buch zum Mayakalender. Verlag docupoint, Magdeburg 2008
[23] Zit. nach Heering / Müller, 2009

[24] www.focus.de/kultur/buecher/tid-21459/aerzte-saenger-bela-b-weltuntergaenge-sind-gar-nicht-so-schlimm_aid_602656.html

[25] Zit. nach www.leser-welt.de

[26] ebenda

[27] Chris Morton/Ceri Louise Thomas: Tränen der Götter – Die Prophezeiung der 13 Kristallschädel. Kopp-Verlag, Rottenburg a.N. 2006

[28] Riddle of the Crystal Sculls, *Skeptical Inquirer,* Nr. 30,4. Online unter www.csicop.com

[29] www.abendblatt.de/vermischtes/article299760/Kristallschaedel-eine-Faelschung.html

[30] http://newsv1.orf.at/080425-24376/index.html

[31] www.welt.de/wissenschaft/article1495966/Antarktis_war_zu_Urzeiten_praktisch_eisfrei.html

[32] Mythen im Angebot, *Skeptiker* Nr. 3/2001, www.skeptiker.de

[33] James/Thorpe, 2001

[34] Swetlana Balabanova/F. Parsche/W. Pirsig: First identification of drugs in Egyptian mummies. *Naturwissenschaften* 79:358, 1992

[35] Kokain und Nikotin in ägyptischen Mumien, *P.M. History* Nr. 5/2000

[36] www.science-explorer.de/maya.htm

[37] Harrell, James A.: The Sphinx Controversy: Another Look at the Geological Evidence. *KMT: A Modern Journal of Ancient Egypt,* 5:2 (Sommer 1994), 70–74

[38] Erich von Däniken: Erinnerungen an die Zukunft. Ullstein-Verlag, München 1989

[39] Peter Fiebag: Der Götterplan. Außerirdische Zeugnisse bei Maya und Hopi. Droemer Knaur-Verlag, München 1997

[40] www.mysteria3000.de/wp/2002/die-grabplatte-von-palenque/

[41] Erich von Däniken: Zurück zu den Sternen. Argumente für das Unmögliche. Econ-Verlag, Düsseldorf 1969

[42] Helmut Höfling: Ufos, Urwelt, Ungeheuer. Bastei-Lübbe-Verlag, Bergisch Gladbach 1993

[43] Dänikens Disney-Land. Der Mystery-Park im Berner Oberland, *Materialdienst* der Evangelischen Zentralstelle für Weltanschauungsfragen, Nr. 8/2003

[44] 2006 wurde Dänikens „Mystery-Park" wegen Konkursgangs geschlossen, 2010 mit leicht verändertem Konzept unter dem neuen Namen „JungfrauPark" wieder eröffnet.

[45] http://fischinger.alien.de/grenzwissenschaft/2012.pdf

[46] www.ktla.com/news/landing/ktla-mayans-2012,0,4915102.story

[47] Christian Prager/Markus Eberl: B'olon Yokte' K'uh Maya conceptions of war, conflict, and the underworld. Bar International Series, 2005, Numb. 1385, recherchierbar bei British Library Direct unter http://direct.bl.uk/bld/PlaceOrder.do?UIN=171649273&ETOC=RN&from=searchengine

[48] www.welt.de/wissenschaft/article4936369/Mayakalender-Einige-fuerchten-den-Weltuntergang.html

[49] http://mayabaktun.com/2012English.html

[50] So ein Kommentar bei dem Scienceblog-Beitrag www.scienceblogs.de/frischer-wind/2009/10/mayaerben-genervt-von-2012hype.php

[51] ebenda

[52] Jose Argüelles: Der Maya-Faktor. Ein Pfad über die Technologie hinaus. Zu beziehen über www.syntropia.de/der-maya-faktor-p-1975.html

[53] http://www.focus.de/wissen/wissenschaft/astronomie/tid-16186/verschwoerungstheorien-der-maya-faktor_aid_453458.html

[54] Adrian Gilbert: 21. Dezember 2012 – Das Ende unserer Welt: Ein neuer Blick auf die Prophezeiungen der Maya. Kopp-Verlag, Rottenburg a. N. 2007

[55] Tibor Zelikovic: Zeitenwende 2012: Globale Transformation, das Erwachen der Menschheit und der Beginn des Goldenen Zeitalters. Hans-Nietsch-Verlag, Emmendingen 2008

[56] www.calleman.com

[57] Heering/Müller, 2009

[58] Dieter Broers: Checkliste 2012. Sieben Strategien, wie Sie die Krise in Ihre Chance verwandeln. Trinity-Verlag, München 2009

[59] Z. B. www.bunkerbau.ws24.cc

[60] www.planet-wissen.de/politik_geschichte/voelker/maya/interview_maya.jsp

[61] www.tagesanzeiger.ch/wissen/geschichte/Weltuntergang-muss-verschoben-werden/story/25655953

[62] www.bild.de/BILD/regional/dresden/aktuell/2009/11/11/maya-prophezeiung-dresdner-buch/zum-weltuntergang-2012.html

[63] Rudolf Drößler: 2000 Jahre Weltuntergang. Echter-Verlag, Würzburg 1999

[64] www.famsi.org/research/graz/dresdensis/thumbs_5.html

[65] www.suite101.de/content/der-geheimnisvolle-kalender-der-maya-a62633

[66] Die vollständigen Prophezeiungen des Jaguar-Propheten finden sich bei Mario Krygier / Jens Rohark: Don Eric und die Maya: 23. Dezember 2012. Werden die Götter wiederkommen? Verlag docupoint, Magdeburg 2006

[67] December 21st. 2012 and the Maya World, online unter www.mexicolore.co.uk

[68] Weltuntergang 2012, *Skeptiker* Nr. 1/2009, www.skeptiker.de

[69] Krygier / Rohark, 2008

[70] Die Geheimnisse des Maya-Kalenders, *Hörzu* Nr. 46/2009

[71] Weltuntergang 2012, *Skeptiker* 1/2009

[72] www.sven-gronemeyer.de / research / schrift.html

[73] 2012: Die neue Prophezeiung der Maya, *mysteries* 1/2011

[74] Andreas Fuls: Die astronomische Datierung der klassischen Mayakultur (500 bis 1100 n. Chr.). Implikationen einer um 208 Jahre verschobenen Mayachronologie. Books on Demand GmbH, September 2007

Die Kraft der zwei Sonnen: Erleuchtung garantiert

Haben wir etwas übersehen?

Können wir dieses Buch mit der Entschlüsselung des Maya-Kalenders als simples Zahlenwerk wirklich schon abschließen? Nein.

Bislang sind wir davon ausgegangen, dass der sagenumwobene Maya-Kalender der Festlegung einer zyklischen Zeitrechnung diente. Dass Tzolkin, Haab und Lange Zählung auf Einheiten wie 1 (ein Finger), 5 (fünf Finger oder Zehen) und 20 (die Summe aller Finger und Zehen) basierten. Dass der Long-Count als eine Kombination wiederkehrender Perioden 5125 Jahre umfasst.

Aber was wäre, wenn ...

Wenn nicht die Maya den Kalender erfunden hätten, um etwa die Jahreszeiten für die Landwirtschaft festzuhalten – sondern das mathematische System zuerst existierte und danach in einen irdischen Kalender eingepasst worden ist?

Diese Auffassung vertritt jedenfalls der Künstler José Argüelles. Bei der Langen Zählung der Maya „ging es nicht so sehr um die Zeit, sondern um die Spanne, in der unser Planet einen Strahl passiert, der 5125 Jahre breit ist oder einen Durchmesser von 5125 Jahren hat", erklärte Argüelles im Vorfeld des internationalen Kongresses „2012 – Die Welt im Wandel" in Hamburg.

Der mexikanisch-US-amerikanische Maler und Autor gilt seit den 1980er-Jahren als Begründer der „Harmonischen Konvergenz". Sein Buch „Der Maya-Faktor" zählt zu den einflussreichsten esoterischen Schriften über das Urwaldvolk überhaupt. „Natürlich ist es uns nicht so einfach bewusst, dass wir einen Strahl durchlaufen, der dem galaktischen Kern entstammt und durch die Sonne, den lokalen Stern, übertragen wird", erklärt Argüelles. „Die Erde durchläuft diesen Strahl, so wie alle anderen Planeten auch, aber er scheint für die Erde besondere Bedeutung zu haben."[1]

Was genau hat es mit diesem „Strahl" auf sich?

Schon in „Der Maya-Faktor" beschrieb der studierte Kunsthistoriker anno 1987 einen „unfühlbaren Strahl", der vom Zentrum der Milchstraße ausgehe. Die Maya hätten gewusst, wann die Erde diesen Strahl erreicht, hindurchfliegt und ihn wieder verlässt. Argüelles: „Jede Galaxie besitzt ein Zentrum. Viele Galaxien sind Spiralgalaxien, die einen Mittelpunkt haben. Der galaktische Kern ist ein unvorstellbar dichter Kern der Galaxie, der den Ursprung für die galaktischen Strahlen und Informationen bildet. Wir wissen, dass es eine ständige Übertragung verschiedener Arten von Radiowellen gibt, die wir als Informationsstrahlen bezeichnen könnten, welche im galaktischen Kern entstehen und von dort ausgesandt werden."[2]

So betrachtet, endet am 21. Dezember 2012 also nicht die Zeitrechnung der Maya. Vielmehr verlässt nach 5125 Jahren die Erde just zu diesem Zeitpunkt wieder den Lichtkegel jenes riesigen Strahls, der wie ein unsichtbarer Autoscheinwerfer die Galaxie durchschneidet. Mit atemberaubenden Folgen: „Damit tritt unser Planet in seine nächste evolutionäre Phase ein und sichert sich seinen Platz als neues Mitglied der Galaktischen Gemeinschaft",[3] ist Argüelles überzeugt.

Mit anderen Worten: Das Ende des langen Zähl-Zyklus im Jahre 2012 bedeutet „nichts Geringeres als den entscheidenden qualitativen Sprung in der Evolution des Lichts und des Lebens der Erde – oder auch des radiogenetischen Prozesses, den unser Planet verkörpert".[4]

Das klingt unglaublich. Aber Wissenschaftler bestätigen Argüelles intuitive Erkenntnisse. Zumindest einer. Nämlich Dieter Broers, nach eigenen Angaben Biophysiker.

In seinem Blog führt Broers aus, der geheimnisvolle Synchronisationsstrahl sei aus den Maya-Überlieferungen bekannt, wo er „Hunab-Ku“ genannt werde.[5] Und eben dieser Hunab-Ku werde „uns Menschen neu ausrichten“, gelenkt durch die „kosmische Absicht“. Esoterische Wunschvorstellungen? Keineswegs. Denn seit rund 15 Jahren sei dieser Strahl sogar messbar.

In einem Interview mit der Programmzeitschrift *Hörzu*[6] erklärte Broers: „Die NASA berichtet von sensationellen Ereignissen, die nahezu identisch mit den Berichten der Maya zu sein scheinen. Den Synchronisationsstrahl, von dem die Maya sprachen, haben die Astrophysiker nun wohl nachgewiesen. Sie berichten, dass vom Zentrum unserer Galaxis ein – bisher nicht für möglich gehaltener – Energiestrahl wie ein Scheinwerfer aus den tiefsten Bezirken des Alls auf die Erde gerichtet aufscheint. Innerhalb der letzten Jahre haben sich diese Strahlen um mehrere Hundert Prozent erhöht. Nachdem ich mich nahezu 30 Jahre in diesem Themenbereich bewege, kann ich sagen: Da vollzieht sich gerade ein unvorstellbarer Wandel, von dem primär unser Bewusstsein betroffen ist.“

Sensationell? Unvorstellbar?

Tatsächlich verlautbarte die NASA am 10. September 2008 einen „Naked-Eye Gamma-Ray Burst Aimed Directly at Earth“,[7] also einen noch nie beobachteten Gammastrahlenausbruch, der die Erde direkt fokussierte und mit bloßem Auge beobachtet werden konnte. Nur: Gammablitze (Gamma Ray Bursts/GRB) sind nichts Mysteriöses. Diese seltenen Ereignisse finden auch nicht im Zentrum der Milchstraße statt, sondern weit außerhalb unserer Galaxis, wenn sehr schweren Sternen der Brennstoff ausgeht und sie in einer Hypernova explodieren. Die Gammastrahlenastronomie ist seit den 1960er-Jahren ein wichtiger Forschungszweig der Astronomie. Doch was genau ein ominöser „Synchronisationsstrahl“ damit und mit unserem Bewusstsein zu tun haben soll, ist Astronomen völlig schleierhaft.

Dementsprechend eindeutig fällt das Urteil des Astronomen und Science-Bloggers Dr. Florian Freistetter aus: „Was Broers schreibt, hat nichts mit realer Wissenschaft zu tun [...]. Er verwendet zwar jede Menge wissenschaftlicher Begriffe; zitiert echte Wissenschaftler und Pressemitteilungen über Forschungsergebnisse. Das aber wirbelt er haltlos durcheinander, so tuend, als würde alles – die Maya, die Quantentheorie, die Astronomie – irgendwie zusammenhängen."[8]

Das klingt hart – aber de facto existiert ein „Synchronisationsstrahl" nicht einmal in den Überlieferungen der Maya. „Hunab-Ku"[9] begegnet uns lediglich als Name einer Gottheit, und das auch nur in zwei Quellen aus der Zeit nach der spanischen Eroberung. Experten gehen deshalb davon aus, dass „Hunab-Ku" eine Erfindung von Missionaren gewesen ist, um den Übergang von der Vielgötterei der Maya zum christlichen Monotheismus zu befördern.

Die Nachfahren der Maya halten denn auch wenig von willkürlichen Interpretationen à la Argüelles. Für den selbsternannten „visionären Historiker" ist das jedoch kein Problem, denn um die heutigen Maya ging und geht es ihm nicht. Argüelles Augenmerk liegt vielmehr auf den „galaktischen Maya", die angeblich von einem anderen Planeten kamen.[10] Bei ihnen habe es sich um eine Art „galaktische Surfer" gehandelt, die neben unserem Sternensystem auch sieben andere Sternensysteme kartographiert, graphisch dargestellt und bereist hätten. Als sie das Verhältnis zwischen unserem Planeten und dem galaktischen Strahl, den anderen Planeten und der Sonne gemessen und geeicht hätten, war ihre Arbeit getan. Was auch erkläre, warum die Zivilisation der Maya um 830 n. Chr. plötzlich verschwand.[11]

Aber selbst wenn dem so gewesen sein sollte: Darf man von „galaktischen Surfern" nicht wenigstens korrektes Sachwissen in Astronomie und Physik erwarten? Oder hat Argüelles vielleicht nicht richtig hingehört, als der Maya-Herrscher Pacal sich ihm in einem luziden Traum offenbarte und ihn – Argüelles – zum Botschafter des geheimen Wissens der Galaktischen ernannte?[12]

Möglicherweise verwechseln Argüelles, Broers und Co. ja einfach nur Synchrotronstrahlung[13] mit einem „Synchronisationsstrahl". Synchrotronstrahlung ist eine spezielle Form von Radiowellen, wie sie unter anderem von einem gewaltigen Schwarzen Loch in unserer Milchstraße (Sagittarius A) sowie zahlreichen anderen Himmelskörpern erzeugt werden – aber auch das ist weder etwas Neues noch Außergewöhnliches. Und darüber hinaus gibt es nichts, was NASA-Wissenschaftler in den letzten Jahrzehnten gemessen und sodann als „sensationelles Ereignis" eingestuft hätten.

Doch halt – was ist das?

„NASA warnt vor heftigen Sonnenstürmen", titelte *Bild*[14] im Sommer 2010. Und weiter: „Es ist ein Horror-Szenario wie aus einem Science-Fiction-Film: GPS, Handys, TV, Radio und Stromnetze sind lahmgelegt, weltweit kollabieren die Versorgungsnetze. Stille, Dunkelheit, Chaos, nichts geht mehr! Doch tatsächlich handelt es sich nicht um eine Vision aus Hollywood, sondern um die möglichen Folgen gigantischer Sonnenstürme, berichtet die NASA."

Auch durch weniger sensationsmachende Medien geistert eine „NATO-Studie", nach der ein „für das Jahr 2012 erwarteter Höhepunkt des geomagnetischen Sonnensturms einen großen Einfluss auf das Leben auf der Erde haben wird. Experten rechnen mit vier bis zehn Jahren zur Regeneration […]. Im Mittelpunkt wird unsere Energieversorgung stehen, die deshalb so gefährdet ist, weil die Stromleitungsnetzwerke heutzutage netzwerkartig grenzüberschreitend miteinander verbunden sind und so eine Kettenreaktion auslösen, wenn elektrische Streuströme eine der Stationen beschädigen […]. Ein derartiger Sonnensturm würde aber zusätzlich die Frischwasseraufbereitung,

Radio-, TV- und Kommunikationsnetzwerke, Satelliten, GPS-Systeme, Nahrungsmittelbeschaffung, Medizin, Heizwärme, Kühlung, Treibstoffe und die Abwasserbeseitigung in Mitleidenschaft ziehen." [15]

Und damit nicht genug. Wiederum der Biophysiker Dieter Broers denkt laut darüber nach, dass „die Sonne sogar auf unser Bewusstsein einwirkt". Wie das?

Ganz einfach: „Jeder weiß, welche Lebendigkeit die Sonne verursachen kann. Jeder kennt den Wechsel der Jahreszeiten. Man weiß, dass die Winterdepression mit der Sonne, dem fehlenden Licht zusammenhängt. Neben diesem Jahreszyklus existieren naturgemäß noch weitere, wobei die Sonne dabei unterschiedliche Aktivitäten durchläuft. Sie sendet Ladungsträger – Elektronen und Protonen –, die das Erdmagnetfeld verändern. Über diese Größen ist bekannt, dass von ihnen ein bedeutsamer Einfluss auf biologische Systeme ausgeht." [16]

Wie bedeutsam – das können wir uns kaum ausmalen. Nichts weniger als eine maximale energetische Wechselwirkung zwischen kosmischen Ereignissen und unserem menschlichen Bewusstsein steht uns dann bevor, denn: „Magnetfeld-Veränderungen führten nachweislich zu genialen Inspirationen, Eingebungen. Die Zeitpunkte der Erschaffung großer Sinfonien, dichterischer Werke sowie herausragender Erfindungen stehen offenbar in Verbindung mit ihnen." [17] Was hat das nun mit 2012 zu tun? Broers: „Wir werden sicher keine größeren Köpfe haben oder einen anderen Körperbau. Nach meinen Überlegungen wird sich ein Bewusstseinssprung vollziehen, quasi vom Menschen zum Übermenschen." [18]

Licht, Energie, Fortschritt: Der Dreiklang esoterischer Wendezeithoffnung ist damit angeschlagen. Doch leider klingt die Intonation vom neuen Zeitalter ziemlich schräg. Zumal die Erwartungen merkwürdig unentschlossen zwischen Aufstieg und Vernichtung der Menschheit oszillieren.

Verweilen wir erst einmal bei den Kassandrarufen. Als

überladenes Vehikel für Endzeitängste ist zum Beispiel die TV-Dokumentation „Der Nostradamus-Effekt: 2012 – Das Ende der Welt"[19] unterwegs. Wie ein Geisterfahrer kreuzt das 45-minütige Filmchen via Fernsehen und Internet die Bemühungen von seriösen Wissenschaftlern, den 2012-Mythos zu entmystifizieren. Und natürlich schlagen die Macher dieses medialen Knallbonbons auch die NASA-Mitteilung in Sachen Sonnensturm an: „Die Sonnenaktivität wird 2012 einen Höhepunkt erreichen. Darin stimmen die Astronomen überein", schwant düster dem katastrophistisch angehauchten Sprecher, der seine planvolle Panikmache sodann in eine bloß rhetorisch gemeinte Frage kleidet: „Wenn das Sonnenfleckenmaximum 2012 stärker wird als alles, was wir je erlebt haben, was könnte schlimmstenfalls geschehen?"

Ja, was? Oder anders gefragt: Was hat es mit dem „Sonnensturm" überhaupt für eine Bewandtnis, der auf waschechter Wissenschaft und Berechnungen der amerikanischen Weltraumbehörde basieren soll? Schauen wir mal.

In der Tat publizierte die NASA im März 2006 eine News mit dem Betreff „Solar Storm Warning".[20] Darin geht es um eine Prognose der Sonnenaktivität, die in der Vorhersage gipfelt: „Der nächste Sonnenfleckenzyklus wird 30 bis 50 Prozent stärker als der vorhergehende sein." Und wirklich wird als Aktivitätsmaximum das Jahr 2012 genannt.

Was sind überhaupt „Sonnenflecken", und was ist „Sonnenaktivität"? Sonnenflecke sind dunkle Stellen auf der Sonnenoberfläche, die kühler sind und daher weniger sichtbares Licht abstrahlen. Ihre Zahl und Größe gilt als das einfachste Maß für die Sonnenaktivität. Denn die Sonne ist bekanntlich keine feste Kugel wie unsere Erde, sondern gasförmig. Das bedeutet: Auf dem Zentralgestirn ist alles ständig im Fluss – was kurz gesagt mit dem sehr komplizierten Magnetfeld der Sonne zusammenhängt. Fortwährend kommt es zu groß- und kleinräumigen Temperaturschwankungen, plötzlichen Strahlungsausbrüchen, Materieströmen und vielem mehr.

Die Sonnenaktivität unterliegt zahlreichen Periodizitäten. Eine davon ist der Sonnenfleckenzyklus, der durchschnittlich elf Jahre dauert. Aus Gründen, die noch nicht in allen Einzelheiten erforscht sind, polt sich alle elf Jahre das Feld der Sonne um: Der magnetische Nordpol wird zum Südpol und umgekehrt. Und deswegen erreicht die Sonnenaktivität alle elf Jahre ein Maximum.[21] Das ist nichts Esoterisches und hat auch nichts mit dem Maya-Kalender zu tun.

Bei solchen Aktivitätsmaxima kann es vermehrt zu sogenannten Sonnenstürmen kommen. Durch die Instabilitäten in den Magnetfeldern werden riesige Wolken an magnetisierter Sonnenmasse ins All katapultiert, die größtenteils aus Elektronen und Protonen bestehen und die mit unvorstellbarer Geschwindigkeit auf die Erde zurasen. Austrittsstellen sind meist die Sonnenflecken. Daher der Zusammenhang zwischen Sonnenflecken und Sonnenstürmen.

Und unbestritten können „Sonnenstürme auf der Erde Stromausfälle verursachen und ganze Kontinente ins Chaos stürzen", berichtete auch *Die Zeit*[22] völlig korrekt: „Ein solarer Supersturm könnte Unheil anrichten, er könnte das Rückgrat der technisierten Welt zerschmettern – das Stromnetz. Davor warnte kürzlich die National Academy of Sciences (NAS) in den USA. Ihr Report gleicht dem Drehbuch eines Science-Fiction-Films."

Das Stichwort „Science-Fiction" ist hier mit Bedacht gewählt. Denn es geht um Mögliches, nicht um Zwangsläufiges. Der besagte NAS-Report[23] erschien 2008 (also zwei Jahre nach der NASA-Presseerklärung) und beschäftigt sich ausgiebig mit „Severe Space Weather Events" – also mit dem Weltraumwetter. Und spart dabei auch den heftigsten Fall nicht aus: „Wenn die Sonne auf Sturm steht, bedrohen solare Teilchenlawinen das Leben auf der Erde. Die Folgen können vielfältig sein: Stromnetze brechen zusammen, Computer spielen verrückt, Navigationsnetze werden gestört."[24]

Zuletzt berichtete der *Stern*[25] im Frühjahr 2011 über „Katrina“ aus dem All: „Es wird stürmisch im Weltraum … Dass elektromagnetische Strahlung von der Sonne eine Gefahr für die empfindliche Technik auf der Erde und in ihrer Umlaufbahn darstellt, ist bekannt. Doch zuletzt blieb der Stern relativ ruhig. Jetzt aber bewegt er sich auf den Höhepunkt des Aktivitätszyklus zu, den er alle elf Jahre durchläuft.“

Das ist richtig. Nichtsdestotrotz geht es weder in der „Solar Storm Warning“ der NASA von 2006 noch in der Analyse diverser „Space Weather Events“ der NAS aus dem Jahr 2008 um eine unvermeidliche Katastrophe oder gar das Ende der Zeiten anno 2012.

Denn der Elf-Jahres-Sonnenfleckenzyklus ist kein Uhrwerk. Und exakte Berechnungen sind gar nicht möglich.[26] Im Mai 2009 erfolgte denn auch ein Update der Voraussagen.[27] Demnach erwarten die Experten das nächste Aktivitätsmaximum unseres Zentralgestirns erst im Frühjahr 2013. Und die Intensität dieses Maximums wird wohl sogar geringer ausfallen als im Durchschnitt.

Fassen wir zusammen: Sonnenstürme gibt es. Und die Weltraumwettergefahr ist durchaus real – vergleichbar mit jeder anderen Naturkatastrophe. Die Folgen können minimal sein oder gewaltig. Üblicherweise schützt uns das Erdmagnetfeld vor gefährlicher Strahlung aus dem Kosmos. In jedem Fall aber gilt: „Die Welt wird davon nicht untergehen und die Menschheit nicht ausgerottet“, entdramatisiert der Astronom Dr. Florian Freistetter die kursierenden Desaster-Prognosen. „So etwas kann kein Sonnensturm schaffen. Immerhin gibt es Sonnenfleckenmaxima ja alle elf Jahre. Wenn sie wirklich so gefährlich für die Erde wären, dann wäre unser Planet im Laufe der Jahrmilliarden längst zerstört worden.“[28]

Außerdem steht die Sonne ständig unter Beobachtung. Vor bedrohlichen Sonnenstürmen können Observatorien in aller Welt mithin warnen, bevor sie bei uns aufschlagen.

Normalerweise ist alles, was wir von Sonnenstürmen mitbekommen, ein wunderbares Himmelsschauspiel: das Nordlicht, das beim Auftreffen geladener Teilchen des Sonnenwindes auf die Erdatmosphäre in den Polargebieten der Erde hervorgerufen wird. Aber könnte diese „Erleuchtung“ nicht auch in den Köpfen der Menschen stattfinden?

Dieter Broers glaubt daran: „Ein neues Zeitalter bricht an. Wir beginnen gerade erst zu erkennen, wie schicksalhaft unser Leben mit der Sonne verknüpft ist [...]. Felder sind das verbindende Medium des gesamten Kosmos. Auch wir Menschen senden Felder aus und empfangen sie. Durch diese Felder stehen wir mit dem Kosmos in ständiger Verbindung, nehmen Energie und Informationen auf. Wenn man das weiß, ist leicht zu verstehen, warum Sonnenaktivitäten und die dadurch verursachten Feldschwankungen starke Reaktionen hervorrufen können.“[29]

Nun ja, dass unser irdisches Dasein schicksalhaft mit der Sonne verknüpft ist, stellt keine wirklich neue Erkenntnis dar. Aber um medizinische Banalitäten wie etwa die körpereigene Vitamin-D-Produktion durch UV-Strahlung oder den sprichwörtlichen „Winter-Blues“ geht es dem Biophysiker (so Broers Selbstbezeichnung) nicht. Sondern: Sollte sich der geheimnisumwitterte „Synchronisationsstrahl“ der Maya am Ende doch bloß als Phantasieprodukt westlicher Esoteriker herausstellen, dann bliebe immer noch ein spiritueller Evolutionssprung, der von der Sonne angeknipst wird.

Genauer gesagt: Die zunehmende Sonnenaktivität in den nächsten Jahren beeinflusst das Erdmagnetfeld. Und das Erdmagnetfeld wiederum beeinflusst die menschliche Psyche. Als Belege für diese außergewöhnliche Behauptung dienen dem Bestseller-Autor angeblich abgesicherte „Zusammenhänge zwischen dem Auf- und Untergang von Weltreichen und entsprechenden Sonnenzyklen“ sowie „direkte Verbindungen zwischen dem Auftreten von Herzinfarkten und von der Sonne hervorgerufenen magnetischen Veränderungen auf der Erde".[30] Solche scheinbaren Korrelationen lassen sich jedoch ausnahmslos auf alles hin konstruieren und sind als „cum hoc ergo propter hoc"-Fehlschluss bekannt (lateinisch: „mit diesem, also deswegen").[31] Oder als selektive Wahrnehmung.

Eine intensive Analyse[32] von Broers Quellenangaben fördert denn auch wenig zutage, was realiter in diese Richtung weisen würde. Aber macht ja nichts. Denn ungezählte Menschen fühlen bereits den energetischen Wandel: „Es ist etwas ganz Gewaltiges unterwegs, das mit solch einer brachialen Gewalt in das Leben der Menschheit schlagen könnte, wie es diese noch niemals erfahren hat. Und es wäre definitiv kein Kinofilm, sondern für jeden seine ganz persönliche Realität!", lesen wir etwa bei *christallkoerper.de*.[33] Und in einem Webbasierten „Handbuch für den Aufstieg" heißt es: „Er findet bereits statt. Der Aufstieg in ein erweitertes Bewusstsein, in eine neue Dimension, hat längst schon begonnen. Wer sein Bewusstsein schon weiterentwickelt und trainiert hat, kann bereits erkennen, was da auf uns zukommt."[34]

Gefühle – schön und gut. Und jedem seine „ganz persönliche Realität".

Einer eher grobstofflich orientierten Denkweise indes mutet dieses besondere 2012-Feeling einigermaßen befremdlich an, „ist die Sonne doch schon immer aktiv gewesen", wendet Sternforscher Freistetter nüchtern ein. „Und dass die Aktivität der Sonne sich alle elf Jahre erhöht, wissen wir auch schon lange. Welche Effekte die Sonne auch immer initiieren mag – wir leben schon sehr, sehr lange damit."[35]

Soll man ergänzend darauf hinweisen, dass auch der heftigste Sonnen-Tsunami nur einen verschwindend geringen Einfluss auf das Magnetfeld der Erde nimmt? Zum Vergleich: Jeder Pinnwand-Magnet erzeugt ein stärkeres Feld als ein Sonnensturm beziehungsweise dessen Auswirkungen auf das Erdmagnetfeld. Gar nicht erst zu reden von einer Untersuchung in einem Magnet-Resonanz-Tomografen (MRT), dem auch keine bewusstseinsverändernde Wirkung nachgesagt wird.

Man mag es drehen und wenden, wie man will: Ein wie auch immer gearteter Bewusstseinssprung überschätzt bei weitem die Möglichkeiten der Natur und des Menschen. Eine Stimulation unserer Psyche durch elektrische und / oder magnetische Felder in der Weise, wie Broers und Co. sie postulieren, ist bestenfalls Metaphysik. Und bevor man sich mit Metaphysik beschäftigt, sollte man erst mal die Grundlagen der Physik beherrschen.

Denn unser Gehirn funktioniert nicht „elektromagnetisch", sondern „elektrochemisch". Nicht ohne Grund kennt die Medizin den Begriff „Hirnchemie". Grundsätzlich ist es zwar möglich, von außen Ströme im Gehirn zu induzieren, die dann die Neuronen auf Trab bringen. Solche Impulse sind jedoch viel zu unspezifisch, um damit einen konkreten Zweck erreichen zu können. Ganz abgesehen davon, dass nicht die „Aktivität" der Gehirnzellen maßgeblich für Intelligenzleistungen ist, sondern synaptische Verbindungen, also die Netzwerkeffekte der Neuronen. Und dahin dringen weder mysteriöse „kosmische Felder" noch „Strahlung" oder Sonnenfleckenaktivitäten.

Und überhaupt: Was springt denn da nun? Das Bewusstsein? Oder der Pol? Oder beides? Da aller guten Dinge drei sind, verlassen sich die 2012-Mystifier nicht nur auf Synchronisationsstrahl und Sonnensturm – sondern auch auf einen „Polsprung", der ebenfalls ursächlich „zur Ausprägung einer neuen Spezies führen"[36] soll.

Schlagen wir wiederum nach bei Dieter Broers: „Es spricht vieles dafür, dass es momentan zu grundsätzlichen Veränderungen kommt, zu Veränderungen also, die nicht nur innerhalb einer begrenzten Zeitspanne gelten. Das betrifft hauptsächlich die […] Umpolung des Erdmagnetfeldes. Und die, so ergab es der berechnete Rhythmus dieses bemerkenswerten Vorgangs, steht sehr wahrscheinlich kurz bevor."

Langsam wird's etwas unübersichtlich. Und es beschleicht einen der Verdacht, dass so ziemlich jeder Sprung in jeder Schüssel dazu herhalten muss, die „Wendezeit" 2012 herbeizuschreiben.

Waren wir eben noch beim Sonnen-Tsunami, der uns über das Erdmagnetfeld aufs Gemüt schlagen soll, ist es jetzt ein ominöser Polsprung: „Beim Menschen tauchen immer häufiger Desorientierungen im Sinne psychischer Instabilitäten auf", doziert Broers. „Diese Tendenz verstärkt sich zunehmend, und zwar in einem solchen Maße, dass manche Geophysiker die prognostizierte Umpolung der Pole für die unmittelbare Zukunft voraussagen: einen sogenannten Pole Flip, die Vertauschung von magnetischem Nord- und magnetischem Südpol."[37]

Wohlbemerkt: Hier geht es um einen magnetischen Polsprung – nicht um jenen katastrophalen geografischen Polsprung (oder Polverschiebung/Erdkrustenverschiebung), von dem Graham Hancock und Nancy Lieder sprechen.[38] Das macht die Sache zwar etwas richtiger. Aber nicht viel.

So wie sich das Magnetfeld der Sonne alle elf Jahre umpolt, ändert auch das Erdmagnetfeld immer wieder seine Polarität. Das heißt: Die magnetischen Pole tauschen ihre Plätze. Allerdings viel seltener, etwa alle 250 000 Jahre. Und „Springen" tut dabei auch nichts. Der geophysikalische Vorgang der magnetischen Feldumkehr zieht sich bis zu 10 000 Jahre lang hin. Wenn Geologen also momentan davon sprechen, dass der Polsprung „kurz bevorsteht", dann meinen sie damit: „in frühestens etwa 1500 Jahren."

Warum das passiert, hat etwas mit der komplizierten Dynamik des flüssigen Eisenkerns unseres Planeten zu tun. Dort existieren wirbelförmige Strömungen, die ein Magnetfeld erzeugen. Bei einem Polaritätswechsel wandern die Pole also nicht etwa vom Nord- zum Südpol und umgekehrt. Sondern die normale Struktur des Magnetfelds wird abgebaut, wenn der magnetische Fluss im äußeren Erdkern sich verlangsamt und die eisenhaltigen Teilchen im Erdinneren, die das Magnetfeld erzeugen, ihre Zirkulation verändern. Bis schließlich Pole mit umgekehrten Vorzeichen entstanden sind. Erstes Anzeichen einer bevorstehenden Umpolung ist die gemächliche Abschwächung der magnetischen Feldstärke. Und genau dies wird seit einiger Zeit auch gemessen.

Ein „Polsprung" ist also nichts weiter als die regelhafte Umpolung des Erdmagnetfelds – die mit absoluter Sicherheit nicht im Jahr 2012 vonstattengehen wird. Und selbst wenn es eine „rasend schnelle Umpolung des Erdmagnetfelds" binnen weniger Jahre oder gar Monate wirklich geben könnte (wie zwei amerikanische Forscher vage vermuten:[39] Was wäre dann?

Wenig. Während der Zeit des Polsprungs wird das Erdmagnetfeld (als unser Schutzschild gegen die hochenergetische Teilchenstrahlung aus dem Kosmos) schwächer, und unser Planet ist dadurch dem Sonnenwind stärker ausgesetzt. Diese Tatsache scheint zugleich der einzige erkennbare Zusammenhang zwischen einem Polsprung und der Erwartung eines „Bewusstseinssprungs" zu sein: Polsprung = weniger Schutz vor Sonnenstürmen.

Aber auch ein abgeschwächtes Erdmagnetfeld würde in erster Linie unsere moderne Technik betreffen und könnte im ungünstigsten Fall zu den bereits diskutierten „Severe Space Weather Events" führen. Und darüber hinaus eventuell zu einer höheren Mutationsrate. Wissenschaftler gehen davon aus, dass Polsprünge die Evolution antreiben und durch die verstärkte Mutationsrate mehr neue Arten entstehen. Wenn das so katastrophal wäre, wie befürchtet, dann würde das Leben auf der Erde alle 250 000 Jahre aussterben. Was nicht der Fall ist.[40]

Warum nicht, haben Wissenschaftler unlängst erst herausgefunden: Kurioserweise der Sonnensturm selbst verhindert, dass Mensch, Tier und Vegetation gegrillt oder verstrahlt werden. Denn jener Strom aus elektrisch geladenen Teilchen werde in Minutenschnelle ein neues Magnetfeld errichten, ist Harald Lesch von der Münchner Ludwig-Maximilians-Universität gewiss.[41] Der solare Teilchenstrom trägt nämlich ein sogenanntes eingefrorenes Magnetfeld mit sich.

Das ionisierte und voll magnetisierte Sonnenwind-Plasma prallt mit 400 Kilometern pro Sekunde auf die dann elektrisch neutrale und unmagnetisierte Erdatmosphäre. Durch den enormen Geschwindigkeitsunterschied zwischen Sonnenwind und Ionosphäre werde in 350 Kilometern Höhe ein Magnetschirm erzeugt, der annähernd genauso stark sei wie das normale Dipol-Feld der Erde. Lesch: „Selbst im Fall eines vollständigen Zusammenbruchs des irdischen Dynamos ist die Biosphäre noch immer gegen kosmische Strahlung geschützt." Niemand brauche seine Lebensversicherung zu kündigen – auch wenn der Polsprung morgen käme.[42]

Apropos Evolution: Ist es nicht möglicherweise trotzdem das oben skizzierte Mutations-Szenario, welches (auch bei nur geringfügig veränderter kosmischer Strahlung) in Richtung eines „Aufstiegsprozesses des Homo sapiens" deuten könnte, der „ursächlich durch besonders starke Sonneneruptionen und die damit einhergehenden Kettenreaktionen gesteuert wird"?[43]

Eigentlich nicht. Mutation ist nicht zielgerichtet und generell zufällig – und schon gar nicht dazu in der Lage, „den daraus resultierenden Nachkommen eine spezielle Persönlichkeitsstruktur" aufzuprägen, wie Dieter Broers sich ausmalt.[44] Wir können nur vermuten, dass Vorstellungen von einem „Bewusstseins-" oder „Evolutionssprung" beziehungsweise dem abrupten „Aufstieg" der Menschheit geradewegs dem Science-Fiction-Genre entlehnt sind.

Der berühmte Schriftsteller Isaac Asimov etwa erfand in den 1950er-Jahren eine fiktive Wissenschaft namens „Psychohistorik", die es ermöglicht, das Verhalten großer Massen von Individuen vorherzusagen und darauf aufbauend zukünftige historische Entwicklungen zu errechnen. Asimov orientierte sich dabei an der statistischen Thermodynamik. Jeden einzelnen Mensch betrachtete der Autor wie ein Gasmolekül, das verschiedene „individuelle" Zustände einnehmen kann, je nach Druck, Temperatur etc.

Wissenschaftler haben seitdem immer mal wieder versucht, Asimovs „Psychohistorik" Realität werden zu lassen. Allerdings ohne Erfolg. Im Dezember 2010 beispielsweise berichtete *Spektrum der Wissenschaft*[45] über ein Experiment britischer Anthropologen, empirische Methoden der Evolutionstheorie auf soziale Systeme anzuwenden. Unter anderem wollte das Team herausfinden, ob es in der Historie große Sprünge von ganz einfachen Verwandtschaftsgruppen zu hochkomplexen Staaten gab.

Das ernüchternde Ergebnis: Höherentwicklung verlaufe niemals sprunghaft, sondern immer graduell: „Eine führerlose Verwandtengruppe schafft unter keinen Umständen den Sprung zum komplexen Fürstentum. Ebenso wenig wird ein einfacher Stamm direkt zum Staat. Alle evolutionären Zwischenschritte sind nötig." Offenbar sei die Zunahme von Komplexität immer ein umständlicher, zeitaufwändiger Prozess – in der Sozialsphäre ebenso wie in der biologischen Evolution.

Anscheinend haben wir es beim imaginierten Evolutionssprung der 2012-„Aufsteiger" lediglich mit einer weiteren Variante des „Wassermann-Zeitalters" zu tun, von dem New-Age-Fans seit den 1970er-Jahren träumen. Zuletzt wurde 1998 in den Medien wieder einmal über den Anbruch des Wassermann-Zeitalters spekuliert, weil der Planet Neptun in das Tierkreiszeichen Wassermann eintrat.

Na und?

Um das zu verstehen, müssen wir etwas weiter ausholen. Es ist eine nahezu unbekannte Bibelstelle, auf die sich die Verfechter des „New Age" („Neues Zeitalter") berufen. Im Lukas-Evangelium heißt es: „Wenn ihr in die Stadt kommt, wird euch ein Mann begegnen, der einen Wasserkrug trägt. Folgt ihm in das Haus, in das er hineingeht" (Lk 22,10). Diese Passage interpretieren einige New-Age-Vordenker als Beweis dafür, dass Jesus selbst vom kommenden „Wassermann-Zeitalter" gesprochen habe. Und eben das sei mittlerweile angebrochen – oder stehe unmittelbar bevor. Doch die genaue Begründung ist mitnichten biblisch, sondern der Astrologie entlehnt.

Kurz gesagt: Der Wassermann ist eine der zwölf Sternbildfiguren auf dem Tierkreis, also jenem schmalen Teil des Himmels, durch den Sonne, Mond und Planeten sich vor dem bestirnten Hintergrund zu bewegen scheinen. Damit gehört er zu den Tierkreiszeichen. In der Astrologie gelten die Tierkreiszeichen eher als „Orte" denn als Figuren. Und diese Orte scheinen zu wandern.

Als eine Art Kompassnadel zur Bestimmung der „Himmelsgegenden" gilt der sogenannte Frühlingspunkt. Dort befindet sich von der Erde aus gesehen die Sonne zur Zeit der Frühlings-Tagundnachtgleiche am 20. oder 21. März. Vor 2000 Jahren zeigte der Frühlingspunkt zum Sternbild Fische. Wegen der Erdpräzession (die Taumelbewegung der Erdachse) bewegt er sich seitdem auf den Wassermann zu. Insgesamt braucht der Frühlingspunkt 25 800 Jahre, um den Tierkreis einmal komplett zu durchwandern, also rund 2000 Jahre für jedes der zwölf Tierkreiszeichen.

Astrologen leiten daraus ab, dass alle 2000 Jahre ein „neues Zeitalter" unter einem neuen Tierkreiszeichen anbreche. Das „Fische-Zeitalter" sei von Jesus Christus und dem Christentum geprägt gewesen. Im „Wassermann-Zeitalter" dagegen werde es auf nicht näher erläuterte Art und Weise zu einer „Wiederverzauberung der Welt" und zu einer neuen Spiritualität kommen.

Wann nun der Durchzug des Frühlingspunktes durch das Tierkreissternbild Wassermann genau beginnt (oder begonnen hat), ist unter Esoterikern höchst umstritten – unter Wissenschaftlern nicht. Der tatsächliche Zeitpunkt ist von der Internationalen Astronomischen Union exakt berechnet worden. Und zwar auf das Jahr 2600.

Nichtsdestotrotz ragt aus den zahlreichen Datierungsversuchen natürlich auch 2012 hervor. Bei *wassermannzeitalter.de* erfahren wir: „Die Erde ist gerade in der Übergangsphase vom Fische-Zeitalter in das Wassermann-Zeitalter. Dieses Zeitfenster nennt sich Zeitenwende und endet zur Wintersonnwende am 21.12.2012."

Und diese „Zeitenwende" verheißt nur Gutes, so viel steht fest: „Das Zeitalter des Wassermanns verspricht eine Ära des Nonkonformismus und des Individualismus zu werden. Es wird geprägt von Eigenschaften wie Toleranz, Offenheit und Weltbürgertum. Der Teamgeist des Wassermann-Zeitalters wird sich nicht nur in Forschung und Wissenschaft innovativ auswirken, der neue Zeitgeist wird auch die Menschheit erfassen. Das Wassermann-Zeitalter fördert eine weltweite Vernetzung und Globalisierung. Es schafft die Basis, um die Probleme der Menschheit weltweit gemeinsam anzugehen."[46]

Eine behagliche Idee – deren Anhänger nicht merken, dass sie damit nur in neue kosmische „Gesetzmäßigkeiten" und Rollenfixierungen hineingeraten. Aber im technologischen Zeitalter der Machbarkeiten gehen Esoteriker allzu gern von zauberhaften Bedingungen aus.[47] Und nehmen es daher mit Beweisen und Belegen nicht allzu genau.

So soll sich die „Schwingung auf diesem Planeten" in den vergangenen Monaten „wahrlich erhöht" haben, tuschelt man im Internet.[48] Gemeint ist damit die Schumann-Resonanz, eine schwache Strahlung, die von Blitzen in der Ionosphäre erzeugt wird. Dieses lokale Auftreten von impulshaften elektromagnetischen Signalen natürlichen Ursprungs nennt man Sferics (von engl. „atmospheric"). Sferics bilden Wellen mit extrem niedrigen Frequenzen von 7 bis 8 Hertz, weshalb sie zum Niederfrequenzbereich gezählt werden (Extremely Low Frequency,

ELF). Kurz gesagt sind Sferics das, was im Radio knistert, wenn draußen Gewitter ist.

Solche ELF-Wellen von ungezählten zeitgleichen Blitzentladungen hoch über der Erdoberfläche breiten sich mit Lichtgeschwindigkeit über große Entfernungen aus. In seiner Gesamtheit bildet dieses permanente natürliche „Funksignal" eine stehende Welle rund um den Erdball und wurde 1952 von dem deutschen Wissenschaftler Winfried Otto Schumann entdeckt. Die Grundfrequenz der nach ihm benannten Schumann-Resonanz liegt bei 7,8 Hertz.

Diese Frequenz wird von Esoterikern kurzerhand zur „Eigenschwingung der Erde" erklärt. Mehr noch: Weil auch unser Gehirn elektromagnetische Wellen produziert, die etwa in diesem Bereich liegen (Theta-Wellen mit 4 bis 7 Hertz und Alpha-Wellen mit 8 bis 12 Hertz), stehe „durch die Schumann-Wellen jeder Mensch in Resonanz zur Erde, da die fundamentalen Gehirnfrequenzen mit der Erdresonanzfrequenz konform gehen".[49] Anders gesagt: Die Erde und unser Gehirn schwingen angeblich mit gleicher Frequenz. Und da die Schumann-Resonanz sich derzeit messbar erhöhe, stehe auch ein Bewusstseinssprung der Menschheit unmittelbar bevor.

Nicht wirklich.

Die Schumann-Resonanz erhöht sich nicht – jedenfalls nicht außerhalb ihrer natürlichen Schwankungsbreite von 0,5 Hertz. Da die Frequenz dieser stabilen stehenden Welle durch den Erdumfang und die Höhe der Ionosphäre bestimmt wird, müssten dazu massive Veränderungen des Erddurchmessers oder in der Hochatmosphäre (ab 80 Kilometer aufwärts) stattfinden. Auch die Behauptung, dass Schumann-Resonanz-Frequenzen über neurobioelektrische Mechanismen den Menschen beeinflussen, stößt bei Fachwissenschaftlern auf wenig Resonanz. Beziehungsweise finden sich keinerlei ernstzunehmenden Belege dafür.

„Hirnwellen" (oder „Hirnströme") sind einfach ein Nebenprodukt der Nervenaktivität, mit der das Gehirn arbeitet – also das außen dringende Echo der elektrischen Impulse in einzelnen Nervenzellen. Unser Denkorgan hat aber keine Rezeptoren, um solche schwachen elektrischen Impulse aus einer Gehirnregion in einer anderen wahrzunehmen. Andere schwache Impulse, wie etwa elektrische Wellen aus dem Umfeld, können somit die Gehirnaktivität auch nicht beeinflussen. Und „Frequenz" ist lediglich ein Begriff zur Beschreibung von periodischen Vorgängen – aber kein „Ding", das etwas „machen" kann.

Schumann-Strahlung, Wassermann-Zeitalter, Erdpräzession ... Sind wir mittlerweile nicht etwas weit abgekommen von unserer „Suche nach den möglichen Zusammenhängen zwischen 2012 und einem Evolutionssprung", wie Broers schreibt? Respektive von der „von den Maya vorhergesagten Zeitenwende, die sich in einer Annäherung an den umfassenden kosmischen Plan vollziehen" werde?

Durchaus nicht. Denn üblicherweise hängt alles mit allem zusammen.

Letzter Trumpf der 2012-Mystiker: „Nach dem Maya-Kalender droht der Erde im Jahr 2012 das Ende", schwurbelt die Zeitschrift *Gong*.[50] „Auslöser der Katastrophe ist eine besondere kosmische Konstellation am 21.12.2012. Dann stehen Sonne, Erde und Milchstraßenzentrum in einer Linie. So eine Stellung der Himmelskörper tritt nur alle 25 800 Jahre ein. Diese außergewöhnliche Konstellation hat mit der Erdachse zu tun; ihrem Zyklus der Präzession. Als Präzession bezeichnet man die Kreiselbewegung der Erdachse. Sie steht in ihrer kosmischen Ausrichtung nicht ganz starr, sondern eiert. Erst in 25 800 Jahren hat die Achse einen Kreis vollendet und zeigt wieder auf den gleichen Punkt wie heute. Droht mit dem Ende des jetzigen Zyklus die Apokalypse?"

Das hatten wir doch schon mal. Die Sache mit dem Frühlingspunkt. Nur dass jetzt die Präzession nicht das beginnende Wassermann-Zeitalter anzeigt – sondern den Weltuntergang. Was denn nun eigentlich?

Vollends gruselig wird's, wenn Schwarzseher den „Ort, an dem die Sonne der Milchstraße begegnet", rätselhaft „dunkle Spalte" nennen.[51] Spooky. Klar, dass von dort nix Positives kommen kann.

Außer vielleicht den All-Mächtigen. Denn auch Götterbote Erich von Däniken okkupiert die „galaktische Ausrichtung" für seine kruden Thesen: „Nur alle 25 800 Jahre steht die Sonne an der Wintersonnenwende in einer Ebene mit dem Zentrum unserer Galaxis. Am 22. Dezember 2012 wird die Menschheit erstmals Zeuge dieses astronomischen Ereignisses. Kurioserweise kannte dieses Datum auch das Volk der Maya, ihr Kalender läuft in der Nacht zuvor, am 21. Dezember 2012, aus. Anschließend, so behaupten sie, beginne ein völlig neues Erdzeitalter, sogar die Götter würden zurückkehren."[52]

Offenkundig ist es eindeutig zu viel verlangt, von den Apologeten des magischen Datums 21.12.2012 irgendeine Eindeutigkeit in ihren Prognosen einzufordern. Nicht einmal in der exakten Beschreibung jener „galaktischen Ausrichtung" zeigt man sich einig. Aber eigentlich ist das auch egal – denn alle miteinander befinden sich im Irrtum.

Die schlichte Wahrheit: Die Maya wussten nichts von der Milchstraße, deren Zentrum von der Erde aus mit bloßem Auge nicht zu sehen ist. Und ihr Kalender beruhte lediglich auf Sonnenzyklen, die um den 21. Dezember mit dem Tiefstand der Sonne auf ihrem imaginären Jahreslauf durch die Ekliptik enden.

Die Präzession hat denn auch absolut nichts mit einer „Ausrichtung" auf das galaktische Zentrum zu tun, sondern bedeutet nur: Wegen der Anziehungskräfte von Sonne und Mond bewegt sich die Erde auf ihrer Bahn um die Sonne nicht in einer festen Achsenlage, sondern „eiert" (wie der *Gong* schreibt) durchs All. Eine natürliche Folge der Präzession ist, dass die Erdachse schwankt. Wie ein Kinderkreisel, der langsam ausläuft, taumelt die Erdachse, sodass sich die Schrägstellung der Achse dauernd verändert, wenn auch nur sehr langsam. Im Laufe von etwa 26 000 Jahren vollführt die Erdachse eine vollständige Taumeldrehung. Die Achsenausrichtung beschreibt also am Himmel einen Kreis und steht nach rund 26 000 Jahren wieder in der gleichen Schrägstellung.

Die Präzession führt aber niemals dazu, dass die Erdachse auf das Zentrum der Milchstraße zeigt – was auch Däniken mit Blick auf Dezember 2012 behauptet. Dazu ist der Kreis, den die Achsenausrichtung am Himmel beschreibt, viel zu klein.

Noch einmal: Auf das Zentrum der Milchstraße zeigt die Erdachse zu keinem Zeitpunkt. Dafür müsste sich die Erdachse extrem neigen. Und das würde exorbitant starke Kräfte erfordern. Selbst dann wäre es bildlich gesprochen schwierig, den Hebel richtig anzusetzen. Eine Kollision mit einem annähernd gleich großen Himmelskörper könnte dies eventuell bewerkstelligen. Aber Nibiru gibt es nicht.

Derzeit zeigt die Erdachse ziemlich genau auf den Polarstern. Und das wird noch einige hundert Jahre lang so bleiben. 2012 eingeschlossen.

Sonstige spektakuläre astronomische Großereignisse im Dezember 2012? Fehlanzeige. Planeten, die alle in einer Reihe stehen und mit potenzierter Gravitationskraft die Erde plagen? Unsinn.[53] Die „dunkle Spalte" unserer Galaxis? Wahrscheinlich sind damit interstellare Wolken aus Gas in der Nähe des Milchstraßenzentrums gemeint, durch die kein Sternenlicht dringt.

Bemühen wir zu dieser Frage nochmals den Profi-Astronomen Dr. Florian Freistetter: „Das Zentrum der Milchstraße liegt im Sternbild Schütze. Das Sternbild Schütze wiederum liegt an der Ekliptik, der scheinbaren Bahn, die die Sonne am Himmel zieht. Man kann also immer im Winter die Sonne im Sternbild Schütze sehen. Und dabei steht sie natürlich auch vor der Milchstraße. Mit etwas Phantasie könnte man also sagen, dass die Sonne vor den dunklen Spalten der Milchstraße steht. Das passiert auch im Winter 2012. So wie jedes Jahr. 2012 ist hier nichts Besonderes."[54]

Zusammengefasst:

- Erde, Sonne und Milchstraßenzentrum stehen nie auf einer Sichtlinie, sondern um einige Sonnendurchmesser versetzt, wenn man exakt das galaktische Zentrum treffen wollte.
- Vom optischen Eindruck her stehen – ganz grob betrachtet – Erde, Sonne und Milchstraßenzentrum jedes Jahr in etwa auf einer Linie, ohne dass diese Konstellation bislang verheerende Folgen gezeitigt hätte.
- Die Sonne befindet sich im Dezember 2012 auch nicht „in einer Ebene mit dem Zentrum unserer Galaxis", sondern hoch über dieser Ebene – und entfernt sich weiter davon. (Wenn man davon ausgeht, dass die Galaxis einen Schwerpunkt hat, in dem die Rotationsachse „steckt", und die Mittelebene senkrecht zu dieser Achse und ebenfalls durch den Schwerpunkt geht. Oder einfacher: Die „Hauptebene" einer Galaxis ist die, in der die Spiralarme liegen. Das ist gewissermaßen der Äquator.)
- Ebenso wenig wird die Sonne im Dezember 2012 „genau ins Zentrum unserer Galaxis" wandern, wie zum Beispiel die besagte Pseudo-Doku „Der Nostradamus-Effekt: 2012 – Das Ende der Welt" behauptet. Oder am 21.12.2012 „das Zentrum der Milchstraße einnehmen".[55] Unser Zentralgestirn zieht seine Bahn vielmehr um das Zentrum der Milchstraße herum, satte 26 000 Lichtjahre davon entfernt.

War's das?

Im Grunde schon. Es sei denn, die verschiedenen 2012-Phänomene liegen womöglich „jenseits dessen, was erklärbar ist", wie ein Kommentator[56] bei *Astrodicticum simplex* konstatierte. Solange aber zumindest Astronomen und andere Fachwissenschaftler noch nicht von „so 'ner Art kognitiven Umstrukturierung“ auch nur gestreift worden sind, müssen wir davon ausgehen, dass über den Tellerrand hinauszuschauen super ist. Aber der Teller befindet sich immer noch in diesem Universum. Und dort gelten nun mal Naturgesetze, denen menschliche Wunschvorstellungen, Ängste und Phantasien ziemlich egal sind.

Fatal. Denn diese Tatsache scheint manche Zeitgenossen[57] erst recht in Weltuntergangsstimmung zu versetzen: „Schon allein deswegen wünsche ich mir die Apokalypse sehnlichst herbei, damit diese unerträglich überhebliche Arroganz *[der Wissenschaftler; Anm. d. Autors]* endlich und für immer ausgelöscht wird.“ So kann man es natürlich auch sehen.

Allerletzte Option: Vielleicht ist es gar nicht die Sonne in unserem heimischen Sonnensystem, die der Menschheit 2012 heimleuchten wird – sondern eine kurzfristig erscheinende zweite Sonne.

Davon schreibt jedenfalls das News-Portal von *yahoo*[58]: „Im Jahr 2012 könnte die Erde eine zweite Sonne bekommen, zumindest vorübergehend. Und zwar dann, wenn einer der hellsten Sterne am Himmel explodiert. Der Riesenstern Beteigeuze verliert immer mehr an Masse und könnte sich schon bald in einer Supernova-Explosion selbst auslöschen. Der Eindruck einer zweiten Sonne entsteht durch die Nachwirkungen der Explosion. Es dauert einige Zeit, bis das gleißende Licht, das wir am Himmel sehen, erloschen ist. Während dieser Zeit wird es vermutlich keinen Nachthimmel geben.“

Das klingt echt kosmisch. Und noch dazu ein so prominenter Stern wie Beteigeuze, der in vielen Science-Fiction-Filmen und -Romanen verewigt worden ist. Wunderbar!

Und doch ist die Supernova-Geschichte kaum mehr als heiße Luft. Dass Beteigeuze ausgerechnet 2012 zur zweiten Sonne wird, ist äußerst unwahrscheinlich. „Bald“ heißt in der

Astronomensprache: irgendwann in den nächsten 10 000 Jahren. Und selbst wenn der rote Riese im Sternbild Orion pünktlich zum „Ende" des Maya-Kalenders erstrahlen würde – es gäbe nicht mehr als ein kleines Feuerwerk.

Beteigeuze ist 640 Lichtjahre weit weg von unserer Erde. Wenn der Stern zur Nova wird, dann haben wir einen neuen Stern am Himmel, der etwa so hell wie der Mond scheint. Aber natürlich nicht so groß wie der Mond ist, sondern bloß ein ferner Lichtpunkt bleibt,[59] der am Taghimmel mit bloßem Auge zu sehen ist.

Und das ist am Ende nun doch irgendwie tragisch: Nicht einmal zwei Sonnen reichen aus, um die Menschheit zu erleuchten.

Anmerkungen

[1] http://newsage.de/index.php/archives/spiritualitaet/der-maya-faktor
[2] ebenda
[3] www.future-watch.org/Deutsch/Zeitenwende/Auszuege/DasJahr2012/index.htm
[4] ebenda
[5] www.nexworld.tv/blog/2010/01/was-ist-der-synchronisationsstrahl/
[6] www3.hoerzu.de/heft/interview_broers/#page1
[7] http://science.nasa.gov/science-news/science-at-nasa/2008/10sep_nakedeye2/
[8] www.scienceblogs.de/astrodicticum-simplex/2010/01/dieter-broers-erklart-den-synchronisationsstrahl.php
[9] http://en.wikipedia.org/wiki/Hunab_Ku
[10] Heering/Müller, 2009
[11] http://newsage.de/index.php/archives/spiritualitaet/der-maya-faktor
[12] Daniel Pinchbeck: 2012 – Die Rückkehr der gefiederten Schlange. Sphinx-Verlag, München 2007
[13] http://de.wikipedia.org/wiki/Synchrotronstrahlung
[14] www.bild.de/BILD/news/2010/06/07/nasa-warnt-vor-sonnenstuermen/droht-der-blackout-auf-erde.html
[15] www.shortnews.de/id/747255/NASA-2012-koennte-ein-Sonnensturm-unsere-Erde-nachhaltig-schaedigen
[16] www3.hoerzu.de/heft/interview_broers/#page1
[17] ebenda
[18] ebenda
[19] http://en.wikipedia.org/wiki/Nostradamus_Effect
[20] http://science.nasa.gov/science-news/science-at-nasa/2006/10mar_stormwarning/
[21] www.scienceblogs.de/astrodicticum-simplex/2009/10/2012-und-der-gefahrliche-sonnensturm.php
[22] www.zeit.de/zeit-wissen/2009/05/Sonnensturm
[23] www.nap.edu/catalog.php?record_id=12507#toc
[24] www.esa.int/esaCP/ESAFM97708D_Germany_0.html
[25] www.stern.de/wissen/kosmos/sonneneruption-katrina-aus-dem-all-1656660.html
[26] www.scienceblogs.de/astrodicticum-simplex/2009/10/2012-und-der-gefahrliche-sonnensturm.php

[27] www.swpc.noaa.gov/SolarCycle/SC24/index.html

[28] www.scienceblogs.de/astrodicticum-simplex/2009/10/2012-und-der-gefahrliche-sonnensturm.php

[29] Dieter Broers: (R)Evolution 2012: Warum die Menschheit vor einem Evolutionssprung steht. Skorpio-Verlag, München 2009

[30] www3.hoerzu.de/heft/interview_broers/#page1

[31] http://de.wikipedia.org/wiki/Cum_hoc_ergo_propter_hoc

[32] www.scienceblogs.de/astrodicticum-simplex/2010/04/2012-und-die-sonnenaktivitat-der-bewusstseinssprung-des-dieter-broers-teil-2.php

[33] www.christallkoerper.de/das_jahr2012.html

[34] www.handbuch-fuer-den-aufstieg.de/

[35] www.scienceblogs.de/astrodicticum-simplex/2010/04/2012-und-die-sonnenaktivitat-der-bewusstseinssprung-des-dieter-broers-teil-2.php

[36] Broers, 2009

[37] ebenda

[38] Vgl. Seite 107 u. 136

[39] www.astronews.com/news/artikel/2010/09/1009-007.shtml

[40] www.scienceblogs.de/astrodicticum-simplex/2009/10/es-wird-2012-keinen-polsprung-geben.php

[41] Birk/Lesch/Konz: Solar wind induced magnetic field around the unmagnetized Earth. *Astron.Astrophys.* 420 (2004) L15-L18, zu beziehen über http://xxx.uni-augsburg.de/abs/astro-ph/0404580

[42] www.spiegel.de/wissenschaft/weltall/0,1518,300232,00.html

[43] Broers, 2009

[44] www.nexworld.tv/blog/2010/02/astrogenetik-oder-der-kosmos-und-unsere-pragung/

[45] Springers Einwürfe: Folgt Politik Gesetzen? Umrisse einer sozialen Evolutionstheorie, *Spektrum der Wissenschaft* Dezember 2010, Seite 22

[46] www.wassermannzeitalter.de

[47] Zit. nach Werner Thiede: Wiederkehr der Religion in Westeuropa? EZW-*Materialdienst* 1/2011

[48] Z. B. www.wfg-gk.de/spirituelles10.html

[49] www.fosar-bludorf.com/archiv/schum.htm

[50] *Gong* Nr. 9/2010, Seite 7

[51] www.beepworld.de/members3/jklemme/2012.htm

[52] www.jenaonline.de/events/vh/20081017.htm

[53] www.scienceblogs.de/astrodicticum-simplex/2009/09/werden-die-planeten-2012-alle-in-einer-reihe-stehen.php

[54] www.scienceblogs.de/astrodicticum-simplex/2009/10/die-sonne-die-milchstrasse-und-2012.php

[55] www.suite101.de/content/2012-das-ende-der-welt-a77682

[56] www.scienceblogs.de/astrodicticum-simplex/2009/10/die-sonne-die-milchstrasse-und-2012.php#comment185181

[57] www.scienceblogs.de/astrodicticum-simplex/2009/11/dieter-broers-revolution-2012.php#comment66215

[58] http://de.news.yahoo.com/34/20110121/tsc-2012-zwei-sonnen-und-schon-wieder-di-98fda55.html

[59] www.scienceblogs.de/astrodicticum-simplex/2011/01/beteigeuze-und-der-weltuntergang-2012-keine-gefahr.php

Nachwort

Eigentlich hätte dieses Buch eine weitere wohlfeile Schwarte der Drangsal werden können. Eine Endzeit-Synopse fürs schnelle Geschäft.

Doch dafür hätten wir an einem bestimmten Punkt innehalten, die uralten Maya-Schriften ebenso wie die vergilbten Nostradamus-Centurien oder die zeitgeistigen Bestseller eines Erich von Däniken rechtzeitig wieder zuschlagen müssen. Doch dummerweise haben wir immer weitergelesen. Analysiert. Verglichen. Experten befragt. Entmystifiziert statt popularisiert.

Und nun? Ist das Ende nahe?

Ja, das Wochenende.

Ein bisschen leid um die grimmig-monochromen Verfallskonzepte berühmter und weniger berühmter Seher, Grübler, Enthusiasten tut es uns schon. Ganz ohne Orientierung, wie Kishons Freund Jossele, sind wir aber nicht. Wir – die wir Waldsterben, Tschernobyl, Borkenkäfer, Ozonloch, Rinderwahnsinn, Vogel- und Schweinegrippe überlebt haben. Und sogar eine Pilzpizza aus zwielichtiger Quelle, ergänzt der Kabarettist Dieter Nuhr.[1]

Heißt: Ständiger Alarm appelliert an unsere Gefühle und die pragmatische Suche nach Lösungen an unseren Verstand. Und da die Moderne besser ist als ihr Ruf, besteht durchaus die Chance, dass etwas Vernünftiges dabei herauskommt. Damit wäre es dann aber wie mit einer Radiomeldung von den Fernstraßen, auf denen der Verkehr überall ruhig dahinfließt.[2]

Und deshalb liebe ich den Weltuntergang.

Anmerkungen

[1] Zit. nach *Stern* Nr. 4/2011

[2] Zit. nach Gerhard Schulze: Krisen. Das Alarmdilemma. S. Fischer-Verlag, Frankfurt 2011